U0910153

智库 中社

国家智库报告 2016（57）
National Think Tank
“三 农”

中国村镇银行发展报告（2016）

杜晓山 主编 孙同全 张睿 蒋勇 副主编

DEVELOPMENT REPORT ON VILLAGE AND TOWNSHIP BANKS IN CHINA (2016)

中国社会科学出版社

图书在版编目（CIP）数据

中国村镇银行发展报告.2016/杜晓山主编.—北京：中国社会科学出版社，2016.12

（国家智库报告）

ISBN 978-7-5161-9458-4

Ⅰ.①中… Ⅱ.①杜… Ⅲ.①村镇银行—银行发展—研究报告—中国 Ⅳ.①F832.35

中国版本图书馆 CIP 数据核字(2016)第 294841 号

出 版 人　赵剑英
责任编辑　刘晓红
责任校对　周晓东
责任印制　李寡寡

出　　版　中国社会科学出版社
社　　址　北京鼓楼西大街甲 158 号
邮　　编　100720
网　　址　http://www.csspw.cn
发 行 部　010-84083685
门 市 部　010-84029450
经　　销　新华书店及其他书店

印刷装订　北京君升印刷有限公司
版　　次　2016 年 12 月第 1 版
印　　次　2016 年 12 月第 1 次印刷

开　　本　787×1092　1/16
印　　张　14
插　　页　2
字　　数　140 千字
定　　价　58.00 元

课题组组成

顾　　问　张功平　王　珂　张亚芬

组　　长　杜晓山

副 组 长　孙同全　张　睿　蒋　勇

课题组成员　耿光新　张　滨　赵志芹　朱柏峰　谢振山　雷振川　席照海　蔡丽平　李　晋　周勇军　周荣华　李　坚　宿鹏群　葛立明　荆晓辉　王旭辉　郭　志　朱伟平　汪敬德　何　帆　王　淼　董　翀

课题成员单位

浦发银行、哈尔滨银行、苏州银行、民泰银行、晋城银行、包商银行、张家口银行、九江银行、上海农商行、常熟农商行、杭州联合银行、温州鹿城农商行、山东诸城农商行、黑龙江依安润生村镇银行、辽宁大洼恒丰村镇银行、河南淇县鹤银村镇银行、山东临朐聚丰村镇银行、浙江温岭联合村镇银行、福建福鼎恒兴村镇银行、中国村镇银行发展论坛组委会

摘 要

本报告较为全面而深入地研究了村镇银行发展历程、现状、趋势、相关制度的作用和问题以及改革建议等，是我国第一部数据翔实、案例丰富、内容全面的反映我国村镇银行十年发展历程的报告。

农村金融是“三农”事业发展的核心问题之一，我国政府高度关注，并一直致力于解决农村金融市场的发展问题。2006 年 12 月中国银行业监督管理委员会发布了《关于调整放宽农村地区银行业金融机构准入政策 更好支持社会主义新农村建设的若干意见》，提出建立村镇银行，目的在于增加农村金融供给，满足农村广大中小企业和农户的金融需求，推动农业、农村和农民的更快、更好发展。

村镇银行经过近 10 年的发展，已经成为服务“三农”和小微企业的中坚力量之一。然而，当前经济下行的压力持续增加，村镇银行的社会公信力有待提高，村镇银行的贷款增速趋缓，利率市场化的进一步推进，民营资本和其他涉农金融机构对农村金融市场的投入加大，相关财政税收优惠政策的即将到期，金融监管部门对主发起银行管理模式进行新的规划，这些因素都在影响着村镇银行当前及未来的经营管理和业务发展。

中国社会科学院农村发展研究所的专家学者与相关机构及部分商业银行的领导专家共同成立了课题研究小组，对我国村镇银行的发展历程、现状、面临的问题以及发展趋势等方面进行较为系统的调查研究，对一些典型案例进行分析，对相关政策的作用与不足进行剖析，并对村镇银行制度和相关政策的改进提出建议。

截至 2016 年 6 月末，全国共组建村镇银行 1412 家，其中开业 1371 家，筹建 41 家。全国村镇银行资产总额 10810 亿元，较 2015 年末增加 795 亿元。村镇银行已经覆盖全国 65.9% 的县市，其中有 10 个省市实现县域全覆盖。大多数村镇银行分布在中西部地区，与国家政策相适应，但是设立在贫困地区的占比较低。在参加调研的 98 家村镇银行中，大多数主发起行在村镇银行中处于绝对控股地位；一些发起村镇银行较多的主发起行成立了专门的村镇银行管理部门；在组织形式上，村镇银行采用有限责任公司或股份有限公司两种形式，而且基本上都依照法律建立了比较完善的公司治理结构。

从调研的情况看，各家村镇银行都了解国家关于村镇银行政策的目的与对村镇银行的基本市场定位。因此，几乎所有村镇银行都表示以践行普惠金融政策、“支农”、“支小”为机构宗旨和目标。个别村镇银行尽管在名义上也“支农”、“支小”，但是其贷款却并未如此。村镇银行成立时间短、规模小、社会认知度和信任度低，这是村镇银行面临的共同问题。大多数村镇银行的各种业务管理系统几乎都是在主发起行的指导，甚至是直接参与和帮助下建立起来的，人力资源开发也基本上是依托主发起行开展的。

村镇银行的存贷款余额增速一直快于银行类金融机构平均水平，具有较大的发展潜力，但是，2016 年一季度村镇银行的存贷款余额增速均呈放缓之势。在村镇银行的贷款余额中，“三农”和小微企业贷款余额一直占比很高，而且贷款主要投放当地，信贷原则基本上能够坚持“小额、分散”，户均余额有进一步下降的迹象。大多数村镇银行都能够实现自负盈亏。随着经营时间的延长和信贷规模的增长，村镇银行的经营管理效率普遍快速提高，信贷风险得到了较好控制，主要监管指标表现高于商业银行，但盈利能力有待提高。

与村镇银行发展密切相关的政策包括主发起行制度、促进农村金融机构发展的货币、财税和监管政策等。主发起行制度对实现政策目标、防范经营和社会风险，促进村镇银行健康快速发展起到了积极作用，但同时也存在一些不利于村镇银行独立健康发展等问题。货币政策中的支农再贷款在一定程度上缓解了村镇银行的资金压力，但是存在与客户的资金周转期限错配、办理手续烦琐、利率限制过低、村镇银行难以通过担保物等问题。同时，村镇银行很难提供支小再贷款要求的担保品，所以，很少有村镇银行申请使用了支小再贷款。财政奖补资金在一些地区能够及时足额到位，对村镇银行发展和“支农”、“支小”发挥了很好的激励作用，但同时也有一些地区存在不能及时足额到位的情况，影响了村镇银行的积极性。总体上，税收“营改增”降低了村镇银行的税负。监管政策中业务牌照和经营地域的限制与村镇银行发展初期是相适应的，但对发展时间较长、经营绩效较好的村镇银行的发展形成了限制。许多村镇银行不能直接接入人民银行的征信系统和银联支付清算系统，大大影响了村镇银行的用户体验，从而也影响了村镇银行的市场竞争力。村镇银行作为新生机构，在人力、物力、财力等各方面与其他金融机构均有着天壤之别，而现行的各项监管过程中，均将村镇银行与其他金融机构用同一个标准进行监管，且动辄需要进行处罚，这让原本在夹缝中求生存的村镇银行面临更大的压力。

基于以上分析，本报告的主要结论包括：

（1）总体上村镇银行的发展进入稳步发展和调整阶段，村镇银行之间的经营管理表现相差较大，喜忧互参，市场潜力仍然较大。

（2）村镇银行增加了县域金融服务的供给，促进了普惠金融建设，为小微企业和“三农”发展，为县域经济的发展起到了良好的促进作用，但是覆盖深度有待加深。

（3）主发起行制度对村镇银行的发展发挥了重要作用，虽然存在一定程度的负面作用，但在当前的经济形势与村镇银行发展的条件下，利大于弊。

（4）财税优惠政策对村镇银行的发展起到了积极的促进作用，但是个别地方财政补贴政策落实不到位。

（5）“支农”、“支小”再贷款政策对补充村镇银行的资金和增加对“三农”和“小微”的金融服务有较好的促进作用，但是存在很大的制度改进空间。

（6）在村镇银行经过近十年的发展，不同村镇银行之间运行状况分化较大的情况下，对于业务牌照、经营地域等方面的监管政策已不能适应村镇银行更好发展的需要，应该进行适当调整。

根据上述结论，本报告的政策建议如下：

（1）在坚持主发起行制度的同时，着力培育村镇银行的自主发展能力。

（2）改进“支农”、“支小”再贷款的使用方式，鼓励村镇银行继续使用，增加对“三农”和小微企业的信贷服务，缓解农村地区贷款难、贷款贵的问题。

（3）适当延长财政奖补政策期限，增加奖补范围，改进奖补方式方法。

（4）延长鼓励对农户发放小额贷款的税收优惠政策，改进对逾期 90 天应收未收贷款利息的增值税计征方法，避免重复征税。

（5）对村镇银行进行分级差别监管，对运行良好的村镇银行放宽业务品种和地域范围等限制。

（6）加快存款保险、政策性农业保险等基础性农村金融制度建设，为包括村镇银行在内的农村金融机构发展创造良好的条件。

（7）鼓励规范使用扶贫再贷款，为村镇银行在贫困地区的扶贫信贷增加资金来源，降低融资成本，助力精准扶贫。

（8）支持村镇银行大力发展数字普惠金融，提高其在农村及贫困地区的服务能力和盈利能力，从而推动农村、偏远地区及其人民共享现代金融服务和经济发展的利益。

本报告的研究团队成员都是长期从事农村发展和农村金融研究工作的学者、推动村镇银行发展的行业专家以及村镇银行及其主发起行的高级管理人员。本课题研究依托每年一度的“中国村镇银行发展论坛”前期的调研与选题论证，参与调研的有13家主发起银行、132家村镇银行，今后这个数量还会增加。该论坛已经成为我国村镇银行业最有影响的行业年度交流活动，参会人员逐年增加，2016年（第九届）近600人，来自全国

29 个省市自治区 200 多家村镇银行及其主发起行。

对于我国农业现代化、城乡一体化、农民增收脱贫以及农村金融市场的繁荣发展，村镇银行的健康发展都具有重要的意义。但是，村镇银行的发展也不会是一帆风顺的，还存在众多难题需要克服，尤其是政策的引导与支持。今后，课题组将继续紧密跟踪村镇银行的发展趋势，及其在农村金融市场中的作用和发展中的各种问题，为村镇银行的健康发展建言献策，推动其对我国小康社会建设、“三农”事业的发展发挥积极重要作用。

Abstract

This report is a research output which is the first more comprehensive and in – depth study of village and township bank in China. The content of report includes village and township bank ' s development course, present situation, trend, role and the related policy system and reform proposals, etc.

Rural finance is one of the core issues of the development of "agriculture, rural areas and farmers", Chinese government pays great attention to it, and has been trying to solve problems in development of rural financial market. In December 2006, China Banking Regulatory Commission issued "Several opinions on the adjustment to ease market access of rural financial institutions with banking policies better support socialism new rural construction", put forward to set up village and township banks, the purpose of this policy is to increase the rural financial supply, meet the credit demand of small and medium – sized enterprises and farmers in rural financial market, to promote faster and better development of agriculture, countryside and farmers.

Village and township banks after nearly 10 years of development, has become one of the backbone in providing financial service to agriculture, rural area farmers and smallµ enterprises , however, the current economic downward pressure continues to increase, the social credibility of the village and township banks need improving, loan growth of village and township banks slows down and deposit growth acceleration, the further advance of interest rate liberalization, private capital and other agricultural financial institutions to increase investment in rural financial market, fiscal and tax preferential policy are about to expire, the relevant financial regulators are planning new rules to Sponsor model, all of these factors are affecting village and township banks' current and future management and business development.

Experts of " The rural development institute, Chinese academy of social sciences" and scholars of other related institutions and leading experts in some commercial banks formed a research team, systematic exam and investigate the present situation, problems and future development trend of village and township banks in China, analyze some typical cases, the function disadvantages of related policies and improvement of rural banking system, throw out related policy suggestions.

At the end of June 2016, there are 1412 village and township banks set up in China, among them, 1371 have opened , 41 are in preparation to open. Village and township banks' total assets achieves 1.081 trillion yuan in the whole country, an increase of 79.5 billion yuan compared to the end of 2015 . Village and township banks have covered 65.9% of the nation's rural counties and cities, including full coverage of 10 provinces and cities. Most of the distribution of village and township banks are in the Midwest, adapted to the regulatory policy, but quite few village and township banks located in poor areas. In the investigation of 98 village and township banks, most of the Sponsor occupied in absolute holding position in village and township banks; some Sponsors that have launched many village and township banks established a special "village and township bank management department" in their head office; In organization form, village and township banks adopt two kinds of forms, limited liability company or joint stock company limited , and basically established a relatively perfect corporate governance structure in accordance with company law.

From the investigation, each village and township bank knows the basic market position in the purpose of regulatory policies with village and township banks. As a result, almost every village and township banks' purposes and objectives are to practice financial inclusion, to support "agriculture", "small firms" . But there are some banks, although in name to support "agriculture, small firms", their loans go to other areas. Village and township banks' set up time is short, their size is small , they have low social recognition and trust, these are common problems facing to village and township banks. Most village and township banks establish business management systems relying on their Sponsors by the instruction, or even direct participation and help, their human resources development also initiated basically relying on sponsors.

The growth rate of village and township bank's lending and deposit balance has been faster than the average level of commercial banks, that shows a great development potential of village and township banks, but in the first quarter of 2016, village and township bank's deposit and loan balance of growth appears a trend of slow down. In loan balance, "agriculture, and small firms" loan balance has taken a big part of village and township bank's outstanding loan, and the loan is mainly on local, credit basically adhere to the" small, scattered, "principle, loan size to each customer has signs of decline further. Most of village and township banks are able to achieve self – financing. As the extension of operation time and the growth of the credit scale, the management efficiency of village and township bank generally increase quickly, obtained the better control of credit risk, the main regulatory indicators were better than that of other commercial banks, but village and township banks need to improve their profitability.

The regulatory policies that are closely related to the development of village and township banks including the sponsor model, monetary policy, fiscal policy and taxation system, and rules to promote development of rural financial institutions. Sponsor model played a positive role in stimulating healthy and rapid development of village and township banks, such as to achieve policy objectives, to prevent management and social risks, etc. but this model also exists some problems, such as to impede the independence of village and township banks, etc. Agricultural supporting relending policy alleviates the pressure of village and township banks' capital resources to a certain extent, but still has difficulties to offer loans, eg. there is mismatch with the term of customer capital turnover, procedure tedious, interest rates too low because of limitation, village and township banks can't give required collateral, and other issues. At the same time, village and township bank is difficult to provide required collateral for application of further credits of supporting small firms, therefore, there are few village and township banks can use "Reloading System for Supporting Small Firms". Fiscal reward&allowance funds played a very good incentive effect in some areas which can be fully transferred to village and township banks in time, for village and township banks to "support agriculture and small firms", but also in some area it is not fully transferred in time, which was influenced the application enthusiasm of village and township banks.

Overall, replacing the business tax with a value – added tax reduced the tax burden of village and township banks. Regulatory policy in the business license and the geographical limit corresponds to the village and township bank which is in the initial period of development, but formed restrict the development of village and township banks which has operated for a long time, and has good management performance. Many village and township banks cannot directly access the credit reporting system of PBC and unionpay payment and settlement system, greatly affect the user experience of village and township banks, thus has affected the market competitiveness ability of village and township banks. As new institutions, there exists huge gap between village and township banks and other financial institutions in terms of the manpower and material resources, financial resources and so on, but in the regulatory process, all the village and township banks and other financial institutions are regulated by the same criteria, and village and township banks are punished sometimes, this makes village and township banks that survive in the cracks facing greater pressure.

Based on above analysis, the main conclusions of this report include:

1. Generally speaking, development of village and township banks entered the stage of steady growth and adjustment, management performance among village and township banks shows big difference, mingled hope and fear, village and township banks still have great market potential.

2. Village and township banks increase the supply of the county financial services, promote financial inclusion, they have played a good role in assisting smallµ enterprises, the "three rural" development, make a contribution to

county economy, but their cover depth needs to be deepened.

3. "Sponsor Model" played an important role in the development of village and township banks, there is also a certain degree of negative effect, but in the current economic situation and the developing stage of village and township banks, the benefits of sponsor model outweigh the disadvantages.

4. Financial and tax preferential policies for village and township banks have played a positive role in helping their business, but local fiscal subsidy policy implementation does not reach target institutions in some local areas.

5. "Agriculture&small frims supporting relenting policy" gives village and township banks supplementary financing, and increases village and township bank's financial services for "agriculture, rural areas and farmers" as well as "small firms", but there's still tremendous room for improvement of this mechanism.

6. After nearly 10 years development of village and township banks, running status differentiation among them

have big different, in this case, regulatory policy of the business license, business area limitation can not meet the needs of village and township banks better, the rules should be properly adjusted.

According to the above conclusions, this report put forward policy suggestions as follows:

1. Continue to use sponsor model, at the same time, adhere to enhance the capacity of independent development of village and township bank.

2. Improve the way of using "Reloading System for Supporting Agriculture&small forms", encourage village and township banks to continue using the further credit, increase credit service for "agriculture, rural areas and farmers, smallµ enterprises", alleviate loan difficulty and expensive in rural areas.

3. Extend time limit of "fiscal reward&allowance fund" policy, extend the scope and improved methods.

4. Prolong the preferential tax policies' period of validity which would encourage small loans issued to farmers, improve collecting method of value – added tax duty on overdue

90 days not charge interest on loans receivable, avoid double taxation.

5. Hierarchical difference regulation to village and township banks, relax restrictions on business varieties and geographic range to those running well village and township banks.

6. Speed up the deposit insurance, policy agricultural insurance and other basic rural financial system construction, create a good condition for development of rural financial institutions, including village and township banks.

7. Encourage specification to use further credits for poverty alleviation, increase funding for village and township bank's credit for poverty alleviation in poor areas, reduce the financing cost, provide help for precision of poverty alleviation.

8. Assist village and township banks strive to develop digital financial inclusion, improve their service ability in rural and poor areas and profitability, so as to promote rural and remote areas and its people to share the interests of the modern financial services and economic development.

Team members of this report are rural financial research scholars who study long – term in the rural development area; industry experts of village and township banks, and senior managers from sponsors . Research topic based on the annual "China's Development of Village and township banks Forum" prophase research and argumentation, in 2016 participate in the investigation of 13 sponsors, more than 132 village and township banks, the number will increase in future. This Forum has become rural banking industry's most influential annual activities in China, participants increased year by year, 2016 (9th) nearly 600 people, from all over the country's 29 provinces and autonomous regions, more than 200 village and township banks and Sponsors.

For agricultural modernization in China, urban and rural integration, increasing farmers' income to get rid of poverty as well as the prosperity and development of the rural financial market, the healthy development of village and township banks would be significant. However, the development of village and township banks also is not plain sailing, there are many difficulties to overcome, they especially need the policy guidance and support. In the future, our team will continue to closely follow the trend of the developing of village and township banks, and its role in rural financial market and all kinds of problems, offer advice and suggestions for village and township banks, promote village and township banks to play a positive role in the construction of the well - off society, the development of "agriculture, rural areas and farmers" in China.

前言

农村金融发展滞后是长期制约我国农村经济社会发展的重大“瓶颈”。为了改善农村金融市场的供给状况，促进社会主义新农村建设，2006 年 12 月中国银监会发布了《关于调整放宽农村地区银行业金融机构准入政策 更好支持社会主义新农村建设的若干意见》，允许建立三种新型农村金融机构，村镇银行是其一。截至 2016 年 6 月末，全国村镇银行数量达到了 1412 家，覆盖了全国 65.9% 的县市，获得了巨大发展。但是，随着大型商业银行、互联网金融机构的大规模下乡，在局部地区农村金融市场的竞争程度不断加强，同时，近几年经济整体下行给金融业也带来很大压力，利率市场化压缩了金融机构传统存贷业务的利差，国家扶持村镇银行发展的优惠政策也即将到期。这些外部因素使发展历史不久的村镇银行整体上面临着巨大压力，加之村镇银行及其主发起行的组织治理、经营管理等方面的因素影响，村镇银行之间的业务表现出现分化。

全面建成小康社会的重点和难点在农村，农村经济社会的发展离不开农村金融的健康发展。村镇银行应该为农村经济社会建设发挥重要的支撑作用。因此，有必要分析村镇银行发展历程、内外部环境、经营管理等各方面状况，总结村镇银行发展及相关政策制度的经验和教训，推动村镇银行更健康地发展，从而促进农村普惠金融建设，促进农村全面小康社会的实现。

2016 年 7 月，中国县镇经济交流促进会、中国村镇银行发展论坛组委会联合中国社会科学院农村发展研究所、中国人民银行金融研究所的专家学者以及来自部分村镇银行及其主发起行的领导专家，成立了“全国村镇银行综合业务发展情况课题研究小组”，历时数月共同完成了《中国村镇银行发展报告（2016）》。该报告总结了我国村镇银行行业整体的规模分布、公司治理、市场定位、经营策略、内部管理、信息技术等方面的发展情况，具体分析了村镇银行经营管理的绩效，并总结了村镇银行有关政策的执行与落实情况，是我国第一部数据翔实、案例丰富、比较全面反映我国村镇银行十年发展历程的报告。

本报告的参加人员及其分工如下：报告研究思路设计（杜晓山、张功平、王珂、张亚芬、孙同全、张睿、蒋勇）、第一章（杜晓山、孙同全）、第二章（孙同全、蒋勇、何帆）、第三章（孙同全、蒋勇、王淼）、第四章（孙同全、王淼、董翀）、第五章（孙同全、张睿、蒋勇）、第六章（杜晓山、孙同全、张睿、蒋勇）、第七章（张睿、蒋勇）、统稿（杜晓山、孙同全）。报告的修改定稿得到了王珂、张亚芬两位领导的指导。

除了上述研究人员之外，本课题还得到了广大村镇银行及其主发起行的积极参与和大力支持，尤其是参与课题组的13家村镇银行发起行和参与问卷调查的130多家村镇银行，他们不仅提供了各自的业务数据，而且对各自的经验教训进行了总结，并对相关政策提出了改进意见或建议。同时，本课题的实地调研得到了内蒙古包头市银行业协会周弘秘书长、内蒙古鄂尔多斯东胜蒙银村镇银行康俊桃行长，以及江苏沭阳东吴村镇银行郑卫董事长及其同事们的大力支持。因此，可以说，本报告是上述人员和机构共同劳动的成果。我代表课题组成员对为本报告付出辛勤努力和提供各种支持的机构与人员表示衷心的感谢！

本报告是村镇银行研究系列报告的第一本，由于我们能力、经验、资料和时间等方面的局限，尚存很多不足，欢迎各界读者批评指正。我们将在今后逐步改进，对村镇银行进行更为深入的研究，为村镇银行、县镇经济、普惠金融的发展以及全面小康社会的建设贡献绵薄之力。

杜晓山

2016 年 12 月

目　录

一　引言

（一）调研背景

自2007年以来，村镇银行经过近10年的发展，已经成为服务“三农”和小微企业的中坚力量之一。然而，当前经济下行的压力持续增加，村镇银行的社会公信力有待提高，村镇银行的存贷款业务增速趋缓，利率市场化的进一步推进，民营资本和其他涉农金融机构对农村金融市场的投入加大，相关财政税收优惠政策的即将到期，金融监管部门对主发起银行管理模式进行新的规划，这些因素都在影响着村镇银行当前及未来的经营管理和业务发展。

为此，中国县镇经济交流促进会、中国村镇银行发展论坛组委会联合了中国人民银行金融研究所、中国社会科学院农村发展研究所的专家学者、部分商业银行的领导专家共同成立了“全国村镇银行综合业务发展情况课题研究小组”，旨在全面了解我国村镇银行的整体业务发展水平，梳理村镇银行经营管理和发展中面临的问题，呼吁国家相关政策对农村金融市场和村镇银行进行精准支持。同时，鼓励村镇银行坚持正确的经营管理理念，真正做到服务“三农”、服务小微，促进村镇银行、农村金融和普惠金融的进一步发展。

（二）研究方法

本次研究主要采用了实地调研和文献研究、学者与实际工作者、政策与实践相结合的方法。第一，课题组成员分别来自政府部门、研究机构、村镇银行主发起行、村镇银行和行业组织。第二，课题组选择了内蒙古包头和鄂尔多斯等地进行实地调研，直接与村镇银行交流并考察其经营管理状况，获取第一手资料。第三，间接信息主要是通过调查问卷，得到 13 家主发起行和 132 家村镇银行的经营管理情况信息，以及他们对内部经营管理和相关政策的分析与建议，并且通过中国银行业监督管理委员会网站查询其公布的村镇银行发展的全面信息。第四，对实地调查和调查问卷获得的信息以及银监会公布的信息进行统计分析，并对调查典型案例进行分析。课题组在以上做法的基础上，撰写完成本报告。

二　村镇银行的宏观政策环境

农村金融一直是我国金融体系的薄弱环节，2006年12月，《关于调整放宽农村地区银行业金融机构准入政策　更好支持社会主义新农村建设的若干意见》（以下简称《2006年意见》）中提出在农村地区新设村镇银行，其根本目的在于解决农村地区银行业金融机构网点覆盖率低、金融供给不足、竞争不充分等问题。因此，从诞生的历史背景看，村镇银行即承载着服务“三农”和县域经济发展的政策性目标。

（一）相关的中央法规与政策

1. 村镇银行政策发展回顾

村镇银行及其相关政策的发展大致经历了三个阶段

（见表1）。第一阶段是从2006年到2008年初的局部试点阶段，村镇银行组建和运营的基本政策框架形成。这一阶段的重要政策文件主要有两个：一是2006年12月银监会发布的《关于调整放宽农村地区银行业金融机构准入政策　更好支持社会主义新农村建设的若干意见》，对村镇银行的政策使命与村镇银行的本质给出了定义，提出了试点的区域范围；二是2007年发布的《村镇银行管理暂行规定》及《村镇银行组建审批工作指引》，阐明了村镇银行的发起行制度、筹建开业的审批、发起行资格、设立地点、市场监督以及监管思路等问题，同年，银监会将试点省区扩大到31个。

表1　　村镇银行主要相关监管政策的发展演变

村镇银行相关监管政策	出台时间
村镇银行的试点阶段	
《关于调整放宽农村地区银行业金融机构准入政策　更好支持社会主义新农村建设的若干意见》	2006年12月
《村镇银行管理暂行规定》	2007年1月
《村镇银行组建审批工作指引》	2007年1月
《关于加强村镇银行监管的意见》	2007年5月
村镇银行全面发展阶段	
《农村中小金融机构行政许可事项实施办法》	2008年6月
《关于做好〈新型农村金融机构2009年至2011年总体工作安排〉有关事项的通知》	2009年7月

续表

村镇银行相关监管政策	出台时间
村镇银行全面发展阶段	
《农村中小金融机构风险管理机制建设指引》	2009 年 12 月
《关于加快发展新型农村金融机构有关事宜的通知》	2010 年 4 月
《农村中小金融机构行政许可事项补充规定》	2011 年 1 月
《关于进一步加强村镇银行监管的通知》	2011 年 1 月
村镇银行稳步发展和管理升级阶段	
《村镇银行监管评级内部指引（征求意见稿）》	2011 年 6 月
《关于调整村镇银行组建核准有关事项的通知》	2011 年 7 月
《农村中小金融机构行政许可事项申请材料目录及格式要求》	2012 年 1 月
《关于鼓励和引导民间资本进入银行业的实施意见》	2012 年 5 月
《关于做好村镇银行非现场监管工作有关问题的通知》	2012 年 6 月
《村镇银行风险处置办法（征求意见稿）》	2012 年 7 月
《关于进一步促进村镇银行健康发展的指导意见》	2014 年 12 月
《关于做好 2016 年农村金融服务工作的通知》	2016 年 2 月
《2016 年农村中小金融机构监管工作要点》	2016 年 2 月

第二阶段是 2008 年 6 月至 2011 年 6 月的全面发展阶段。2009 年 7 月，《关于做好〈新型农村金融机构 2009 年至 2011 年总体工作安排〉有关事项的通知》提出了对于实施准入挂钩措施，进一步完善村镇银行的总体布局，并提出了 3 年内在全国设立 1027 家村镇银行的宏伟目标。此后的 2010 年和 2011 年，村镇银行快速扩张，有关村镇银行的监管政策也密集出台，放宽设立门槛，支持主发起行集约化、批量化、专业化地发起设

立村镇银行。财税支持政策也集中在这几个方面。2010 年 4 月，银监会《关于加快发展新型农村金融机构有关事宜的通知》中提出，允许资产管理公司发起设立村镇银行，并将村镇银行对同一借款人的贷款余额由不得超过资本净额的 5% 调整为 10%，对单一集团企业客户的授信余额由不得超过资本净额的 10% 调整为 15%。此外，该通知还提出了对于“管理总部、控股公司和设立总分行制”的三种新型农村金融机构管理模式的探索。

第三阶段是 2011 年 6 月至今的稳步发展和管理升级阶段。随着村镇银行全面布局的初步完成，发展势头逐渐降温，村镇银行自身的发展和相关政策都将提升管理水平作为重要目标和内容，村镇银行进入了稳步发展和管理升级阶段。2011 年 6 月的《村镇银行监管评级内部指引（征求意见稿）》与 2012 年 7 月的《村镇银行风险处置办法（征求意见稿）》，是为化解村镇银行各类风险，保障村镇银行持续、健康发展而提出的。这两项政策将村镇银行风险等级分为三级：轻度风险、中度风险和重度风险，并提出依照不同程度的风险采取不同的处置措施。

2012年5月，中国银监会《关于鼓励和引导民间资本进入银行业的实施意见》提出，支持民营企业参与村镇银行发起设立或增资扩股；允许小额贷款公司按规定改制设立为村镇银行，并把村镇银行主发起行的最低持股比例由20%降低为15%。2012年7月出台了《村镇银行风险处置办法（征求意见稿）》，对村镇银行提升管理水平提出了更高的要求。近年来，我国经济进入下行期，中小企业风险频繁爆发，且在国家推动普惠金融的发展战略下，大中型商业银行逐渐回头将眼光转向农村，互联网金融加紧向农村发展的步伐，各种农民互助合作金融组织也在不断发展，而且，中央政府鼓励发展中小型民营银行。在这种情况下，村镇银行在农村地区的生存空间受到压缩。

2014年12月，《关于进一步促进村镇银行健康发展的指导意见》强调了强化村镇银行有限持牌经营，严禁村镇银行超范围经营。而2016年2月的《2016年农村中小金融机构监管工作要点》（以下简称《要点》），提出用创新集约化培育模式探索实施“多县一行”政策，同时强化合规经营，严禁发放大额贷款，稳步降低户均贷款额度，严格限制有限持牌经营。《要点》还提出，推进主发起机构优进劣转，支持符合条件的主发起行或者投资管理型村镇银行规模化并购设立分散、管理成本高、经营风险大、主发起行优势不明显的村镇银行。2016 年银监会办公厅发布的《关于做好 2016 年农村金融服务工作的通知》进一步提出，在经济发达地区实行“一县多行”政策，提升村镇银行县市覆盖面。

不难看出，2012 年以来，政策对于进入稳步发展阶段的村镇银行开始逐渐紧绷，而在村镇银行的经营管理方面，政策的方向仍在继续探索提升村镇银行“三化”——提升村镇银行批量化组建、集约化经营和专业化服务水平。

2016 年，面临利率市场化的竞争环境、经济下行的挑战以及机构间竞争的压力，村镇银行急需政策的指引与支持，打破困境，不断创新，找到一条可持续发展的道路，更好地发挥自身优势，完成支持“三农”和“小微”，服务地方经济发展的历史使命。

2. 村镇银行政策的主要内容

（1）监管政策。村镇银行的发起和建立，是高举着社会主义新农村建设的旗帜，它的提出是为了填补我国农村地区金融服务的空白，增加农村地区金融支持的力度。从建立之初，村镇银行就肩负着这样的政策使命。

根据《村镇银行管理暂行规定》（2007 年 1 月）总则：①村镇银行是经中国银行业监督管理委员会依据有关法律、法规批准，由境内外金融机构、境内非金融机构企业法人、境内自然人出资，在农村地区设立的主要为当地农民、农业和农村经济发展提供金融服务的银行业金融机构；②村镇银行是独立的企业法人，享有由股东投资形成的全部法人财产权，依法享有民事权利，并以全部法人财产独立承担民事责任；③村镇银行股东依法享有资产收益、参与重大决策和选择管理者等权利，并以其出资额或认购股份为限对村镇银行的债务承担责任；④村镇银行以安全性、流动性、效益性为经营原则，自主经营，自担风险，自负盈亏，自我约束；⑤村镇银行依法开展业务，不受任何单位和个人的干涉；⑥村镇银行不得向关系人发放信用贷款；向关系人发放担保贷款的条件不得优于其他借款人同类贷款的条件，村镇银行不得发放异地贷款；⑦村镇银行应遵守国家法律、行政法规，执行国家金融方针和政策，依法接受银行业监督管理机构的监督管理。

村镇银行的业务范围：《村镇银行管理暂行规定》（2007年1月）规定，经银监分局或所在城市银监局批准，村镇银行可经营下列业务：吸收公众存款；发放短期、中期和长期贷款；办理国内结算；办理票据承兑与贴现；从事同业拆借；从事银行卡业务；代理发行、代理兑付、承销政府债券；代理收付款项及代理保险业务；经银行业监督管理机构批准的其他业务。此外，村镇银行按照国家有关规定，可代理政策性银行、商业银行和保险公司、证券公司等金融机构的业务。

村镇银行的风险管理：《村镇银行管理暂行规定》（2007年1月）规定，村镇银行发放贷款应坚持小额、分散的原则，提高贷款覆盖面，防止贷款过度集中。《村镇银行风险处置办法（征求意见稿）》（2012年7月）（以下简称《办法》）规定，村镇银行主发起行作为大股东，全面负责村镇银行风险处置工作。主发起行应充分利用自身优势，在村镇银行制度完善、系统建设、人员培训、外部监督等方面发挥重要作用，要帮助村镇银行建立完善的风险处置机制，并提供必要的技术和资金支持。此外，《办法》还把村镇银行风险划分为轻度、中度、重度三个层次，提出根据不同的风险分级并采取不同的处置措施。《关于进一步促进村镇银行健康发展的指导意见》（2014 年 12 月）提出，主发起行应切实承担大股东职责，建立健全并表管理体系，加强对村镇银行资本和风险的并表管理。主发起行应承诺牵头组织村镇银行重大风险处置，为村镇银行提供持续的流动性支持；对经营管理不善、监管指标持续不达标的村镇银行，主发起行应通过调整更换高管人员、实施股权重组等方式，及时有效化解风险。主发起行要从严控制与村镇银行的关联交易，防止风险传递。

主发起行的持股比例：《村镇银行管理暂行规定》（2007 年 1 月）规定，村镇银行最大股东或唯一股东必须是银行业金融机构。最大银行业金融机构股东持股比例不得低于村镇银行股本总额的 20%，单个自然人股东及关联方持股比例不得超过村镇银行股本总额的 10%，单一非银行金融机构或单一非金融机构企业法人及其关联方持股比例不得超过村镇银行股本总额的 10%。《关于鼓励和引导民间资本进入银行业的实施意见》（2012 年 5 月）规定，村镇银行主发起行的最低持股比例由20%降低为15%。

主发起行资格：《村镇银行管理暂行规定》（2007年1月）规定，村镇银行股东中必须至少有一家银行业金融机构。《小额贷款公司改制设立村镇银行暂行规定》（2009年6月）规定，满足条件的小额贷款公司可改制设立村镇银行。《关于加快发展新型农村金融机构有关事宜的通知》（2010年4月）允许资产管理公司设立村镇银行。《关于调整村镇银行组建核准有关事项的通知》（2011年7月）规定，村镇银行主发起行除监管评级达二级以上（含）、满足持续审慎监管要求外，还应有明确的农村金融市场发展战略规划、专业的农村金融市场调查、翔实的拟设村镇银行成本收益分析和风险评估、足够的合格人才储备、充分的并表管理能力及信息科技建设和管理能力、已经探索出可行有效的农村金融商业模式以及有到中西部地区发展的内在意愿和具体计划等。

村镇银行的地域范围：《关于调整放宽农村地区银行业金融机构准入政策　更好支持社会主义新农村建设的若干意见》（2006年12月）规定，在中西部、东北和海南省的县（市）及县（市）以下地区，以及其他省（区、市）的国定贫困县和省定贫困县（统称农村地区），选择四川、青海、甘肃、内蒙古、吉林、湖北6省（区）为试点，发起设立村镇银行。《村镇银行组建审批工作指引》（2007年1月）规定，需要设立村镇银行的地域名单依据省内县域金融服务充分性状况确定，重点解决服务空白和竞争不充分问题。《关于做好〈新型农村金融机构2009年至2011年总体工作安排〉有关事项的通知》（2009年7月）提出了3年内在全国设立1027家村镇银行的宏伟目标。《关于做好村镇银行非现场监管工作有关问题的通知》（2012年6月）规定，引导村镇银行下沉服务重心，村镇银行原则上3—5年内应实现对辖区内重要乡镇的网点覆盖。

村镇银行管理模式：《银监会关于加快发展新型农村金融机构有关事宜的通知》（2010年4月）规定，探索新型农村金融机构管理模式。为提高主发起人发起设立新型农村金融机构积极性，鼓励支持主发起人通过新的管理模式规模化地推进机构组建，并且提出了管理总部、控股公司和设立总分行制三种模式。此外，时任中国银监会副主席周慕冰2011年6月提出区域性管理总部、村镇银行子银行两个概念。2016年1月，中国银监会主席尚福林在2016年全国银行业监督管理工作会议上的讲话提出了投资管理行模式。

村镇银行的审批权：《关于调整村镇银行组建核准有关事项的通知》（2011年7月）规定，调整组建村镇银行的核准方式由现行银监会负责指标管理、银监局确定主发起行和地点并具体实施准入的方式，调整为由银监会确定主发起行及设立数量和地点，由银监局具体实施准入的方式。

（2）财税政策。为引导和鼓励金融机构主动填补农村金融服务空白，稳步扩大农村金融服务覆盖面，促进农村金融服务体系建设，自村镇银行成立以来，财政部与国家税务总局出台了一些有利于农村金融发展的支持与优惠政策，通过实施农村金融机构定向费用补贴以及减免部分税收的政策来支持农村地区金融机构的发展。

在财政补贴政策方面，2009年4月，财政部发布《中央财政新型农村金融机构定向费用补贴资金管理暂行办法》，规定中央财政对当年贷款平均余额同比增长、年末存贷比高于50%且达到银监会监管指标要求的村镇银行，按其当年贷款平均余额的2%给予补贴。

2010 年 9 月，财政部修订完善《财政县域金融机构涉农贷款增量奖励资金管理暂行办法》，规定各级财政部门对县域金融机构上一年度涉农贷款平均余额同比增长 15% 的部分，按 2% 的比例给予奖励，奖励资金由中央和地方财政按规定的比例分担。

此外，2014 年 7 月，财政部、国家税务总局联合发布《农村金融机构定向费用补贴资金管理办法》提出，对东、中、西部地区农村金融机构开业当年（含）起的 3、4、5 年内进行财政补贴资金支持。

在税收政策方面，2010 年 5 月，财政部、国税局联合发布《关于农村金融有关税收政策的通知》，实现两项税收优惠政策：其一是对金融机构发放的 5 万元以下农户小额贷款的利息收入，免征营业税，并按 90% 计入收入总额计算应纳税所得额；其二是以金融机构类型为标准的税收优惠政策，即对村镇银行、农村资金互助社、农村合作银行及农村商业银行，其金融保险收入按 3% 的税率征收营业税。这两项政策经过两次延长一直延续到 2016 年的 12 月 31 日。2016 年 5 月，财政部发布的《关于进一步明确全面推开营改增试点金融业有关政策的通知》又给予了村镇银行一项利好政策，即村镇银行可以选择适用简易计税方法按照3%的征收率计算缴纳增值税。

2016年9月24日，财政部印发了《普惠金融发展专项资金管理办法》（以下简称《管理办法》），对县域金融机构涉农贷款增量奖励、农村金融机构定向费用补贴、创业担保贷款贴息及奖补等专项资金使用方向做出具体规定。在对农村金融机构定向费用补贴方面，《管理办法》规定延续了《农村金融机构定向费用补贴资金管理办法》的相关规定，对符合条件的新型农村金融机构，按照不超过其当年贷款平均余额的2%给予补贴。在创业担保贷款贴息和奖补方面，《管理办法》规定，对贫困地区符合条件的个人创业担保贷款，财政部门给予全额贴息；对其他地区符合条件的个人创业担保贷款，财政部门第1年给予全额贴息，第2年贴息2/3，第3年贴息1/3。对符合条件的小微企业创业担保贷款，财政部门按照贷款合同签订日贷款基础利率的50%给予贴息。其中，专项资金贴息的小微企业创业担保贷款，最高不超过200万元，贷款期限最长不超过2年；专项资金贴息的个人创业担保贷款，最高贷款额度为10万元，贷款期限最长不超过3年，利率浮动因地区不同有所区分。

《管理办法》还提出，建立创业担保贷款奖励机制。按各地当年新发放创业担保贷款总额的1%，奖励创业担保贷款工作成效突出的经办银行、创业担保贷款担保基金运营管理机构等单位，用于其工作经费补助。

针对县域金融机构涉农贷款增量奖励，《管理办法》提出，对符合条件的县域金融机构当年涉农贷款平均余额同比增长超过13%的部分（此前是15%），财政部门可按照不超过2%的比例给予奖励。

（3）货币政策。2008年4月，人民银行与银监会联合发布的《关于村镇银行、贷款公司、农村资金互助社、小额贷款公司有关政策的通知》提出，村镇银行的存款准备金率比照当地农村信用社执行；村镇银行的利率下限为中国人民银行同期同档次贷款基准利率的0.9倍，存款最高不得超过中国人民银行公布的同期同档次存款基准利率等。村镇银行作为中小型金融机构，自成立之日起人民银行对其存款准备金率就进行了适度的调整：村镇银行的存款准备金率比大型商业银行低4—5个百分点。2015年4月20日，中国人民银行决定下调各类存款类金融机构人民币存款准备金率1个百分点，在此基础上，为进一步增强金融机构支持结构调整的能力，加大对小微企业、“三农”以及重大水利工程建设等的支持力度，自4月20日起对农信社、村镇银行等农村金融机构额外降低人民币存款准备金率1个百分点。此外，2009年人民银行将支农再贷款对象扩大到村镇银行等农村金融机构，并将支农再贷款的用途范围由发放农户贷款扩大到其他涉农贷款，成为村镇银行发展的一大动力。

目前，监管部门已出台多项政策支持村镇银行发展，并且初步形成了财税、金融政策相结合、正向激励的扶持政策体系，有效调动了村镇银行支农的积极性。但近年来，随着利率市场化的进一步推进，村镇银行正在陷入一个竞争更加激烈的市场环境。

村镇银行属于农村新型金融机构，规模小却对市场反应迅速。2012年以来，我国利率市场化进程加快。2015年5月存款保险制度正式实施，2015年10月存款利率上限放开，这些重要事件都标志着我国利率市场化已基本实现。与城市金融相比，县域中小机构贷款定价能力不足，县域金融很大程度上是卖方市场，金融机构风险管理能力不足，传统经验型定价模式占主导地位，定价技术较为滞后，精细化水平有待提高。在这一背景下，传统金融机构的经营行为和盈利能力发生较大变化，体量大、影响力强的大型商业银行将决定市场利率水平，而规模小、影响力弱的中小型金融机构则深陷被动局面，其中所受影响最大的正是以村镇银行为代表的小型银行。

（二）地方政策

村镇银行的地方性政策，从内容上来看可划分为财税与监管两个方面。

1. 金融政策

在监管方面，地方政府对于村镇银行的发展布局、风险防控、市场定位起到了引导、鼓励与监督的作用。《山东省人民政府关于促进全省县域金融业更好更快发展的意见》、《福建省人民政府办公厅关于加快村镇银行组建和发展的指导意见》、《内蒙古自治区人民政府办公厅关于支持村镇银行持续健康发展有关事宜的通知》、《湖南省人民政府办公厅关于促进村镇银行健康发展的指导意见》几项政策都提到了关于完善村镇银行布局的具体方案；而《湖北省人民政府办公厅关于支持村镇银行发展的通知》、《福建省人民政府办公厅关于加快村镇银行组建和发展的指导意见》、《内蒙古自治区人民政府办公厅关于支持村镇银行持续健康发展有关事宜的通知》、《湖南省人民政府办公厅关于促进村镇银行健康发展的指导意见》也提出了引导村镇银行进一步服务农村地区，帮助村镇银行完善风险管控的具体措施。

2. 财税政策

在财税方面，地方政府通过贯彻实施中央支持性财税政策与对村镇银行直接进行减免税、定向补贴等方式支持和引导村镇银行在当地健康发展。如天津市《关于促进天津市村镇银行发展的意见》对当地股东持股比例超过50%的村镇银行给予一次性资金奖励；《福建省人民政府办公厅关于加快村镇银行组建和发展的指导意见》对新设立的村镇银行给予实际到位注册资本金1%—3%的开办补助。专栏1是湖北、山东、天津、福建、内蒙古和湖南六个省（市、区）关于村镇银行政策的概要。

专栏1 若干省区政府促进村镇银行发展的政策概要

《湖北省人民政府办公厅关于支持村镇银行发展的通知》（2009）

2009年5月，湖北省政府发布《湖北省人民政府办公厅关于支持村镇银行发展的通知》，从贯彻实施税费优惠政策；增强村镇银行支农资金实力；切实减轻村镇银行负担；优化村镇银行发展的信用环境；切实加强村镇银行管理五个方面出发，为村镇银行的健康发展提供了政策性指引。

《山东省人民政府关于促进全省县域金融业更好更快发展的意见》（2012）

2012年4月，山东省政府出台《关于促进全省县域金融业更好更快发展的意见》（以下简称《意见》），对于村镇银行的发展提出了重要布局。《意见》提出，到2012年年底县域村镇银行覆盖率要达到60%以上；到2015年年底，实现全覆盖；鼓励村镇银行在乡镇设立分支机构或营业网点。

天津市政府办公厅《关于促进我市村镇银行发展的意见》（2012）

2012 年 9 月，天津市政府办公厅转发天津市金融办、银监局、财政局和人民银行天津分行的《关于促进我市村镇银行发展的意见》，推出了一系列优惠政策，对新设立的村镇银行，在实施差别存款准备金动态调整、再贷款、再贴现等金融政策方面加大支持，同时还加大了财税政策的支持力度。

天津市对当地股东持股比例超过 50% 的村镇银行给予一次性资金奖励，其中注册资本 5 亿元以上的，奖励 1000 万元；注册资本在 5 亿元以下、3 亿元以上的，奖励 500 万元。村镇银行新购建自用办公用房，按其缴纳契税的 100% 标准给予补助，前三年按其缴纳房产税的 100% 标准给予补助。村镇银行自开业年度起，前两年按其缴纳营业税的 100% 标准给予补助，后三年按其缴纳营业税的 50% 标准给予补助。自获利年度起，前两年按其缴纳企业所得税地方分享部分的 100% 标准给予补助，后三年按其缴纳企业所得税地方分享部分的 50% 标准给予补助。这些鼓励政策，积极支持了村镇银行在当地的健康发展。到 2014 年，天津市以“本土化、民营化、专业化”为导向和原则累计改制设立13家村镇银行，已经率先实现了村镇银行在涉农区县全覆盖。

《福建省人民政府办公厅关于加快村镇银行组建和发展的指导意见》(2013)

2013年8月，福建省政府出台《福建省人民政府办公厅关于加快村镇银行组建和发展的指导意见》(以下简称《意见》),《意见》对福建省村镇银行的设立与发展提出整体的布局，提出2013年年底前将组建22家，至2015年年末实现村镇银行县域全覆盖。《意见》还提供多项配套优惠政策，推动符合条件的产业资本、民间资本参与发起设立村镇银行。优惠政策包括对新设立的村镇银行，政府将给予实际到位注册资本金1%—3%的开办补助，对村镇银行每设立一家支行可给予10万元补助；对上年贷款平均余额同比增长、年末存贷比高于50%且达到银监会监管指标要求的村镇银行，按其上年贷款平均余额的2%给予定向费用补贴；对村镇银行农户农林牧渔业贷款、农户消费和其他生产经营贷款季均余额同比增长超过15%的部分，按2%的比例给予奖励。

该《意见》进一步对村镇银行的服务“三农、小微”的市场定位提出了硬性规定，各村镇银行应以农户和小微企业为信贷支持重点，确保涉农、小微企业贷款增速不低于各项贷款平均增速，贷款增量不低于上年同期水平；村镇银行开业满2年后，涉农、小微企业贷款合计余额和增量占比不得低于80%，100万元以下贷款客户数比例不得低于70%。

《内蒙古自治区人民政府办公厅关于支持村镇银行持续健康发展有关事宜的通知》（2015）

2015年11月，为解决村镇银行发展中存在的资本规模偏小、抗风险能力较弱、网点较少，支付系统不畅、对外结算受限等问题，为支持村镇银行持续健康发展，进一步发挥村镇银行改善农村牧区金融环境、完善农村牧区金融体系方面的作用，内蒙古自治区政府发布了《内蒙古自治区人民政府办公厅关于支持村镇银行持续健康发展有关事宜的通知》（以下简称《通知》）。

《通知》从存款准备金政策、支农支牧再贷款、再贴现管理、差别化监管措施等方面提出了十二项支持村镇银行健康发展的鼓励、优惠、引导政策。《通知》提出，对村镇银行吸收存款用于当地贷款考核达标的，存款准备金按低于同类金融机构正常标准1个百分点执行；对于当年度涉农涉牧贷款余额占全部贷款余额的比例高于70%（含）的村镇银行，由盟市银监分局进行认定，经主管税务机关确认后，减按15%的税率征收企业所得税。

《通知》还提出，在村镇银行设立初期，银监部门要适当放宽对村镇银行监管指标考核，突出村镇银行支农支牧指标的考核，并鼓励保险公司在产品开发、风险管理、专业化人才队伍建设等方面积极与村镇银行开展合作，为小微企业、农牧户等小额贷款人提供信用增级。

《湖南省人民政府办公厅关于促进村镇银行健康发展的指导意见》（2015）

2015年12月，湖南省政府发布《湖南省人民政府办公厅关于促进村镇银行健康发展的指导意见》（以下简称《意见》）。根据《意见》，湖南鼓励省外银行和非银行金融机构发起设立村镇银行，支持省内商业银行、符合条件的农村商业银行和非银行业金融机构发起设立村镇银行；鼓励包括企业法人、自然人等各类社会资本参与村镇银行的发起设立和增资扩股；鼓励批量设立村镇银行，探索设立村镇银行金融服务公司，加强村镇银行投资管理和服务，实施有效股权管理、风险管理和中后台运营服务。同时，支持村镇银行在辖区内乡镇设立分支机构，打破“冠名村镇，身处县城”的格局，下沉服务重心、下延机构网点，扩大县域内金融服务范围。

《意见》要求，村镇银行要坚持服务县域的市场定位，原则上不得跨县市经营业务；要按照服务“三农”和中小微企业、服务社区的发展方向，坚持“支农”、“支小”的信贷投向，掌控好贷款集中度。

《意见》明确，批量设立的村镇银行，以村镇银行管理部为载体，根据相关规定给予国土资源网上交易、财税库银等公共系统服务，共享相关资源；对经营稳健的村镇银行，纳入社会保障卡发放银行管理名单。

三　村镇银行发展概况

（一）村镇银行的发展规模与分布

1. 村镇银行及其网点数量

自2006年12月21日银监会发文放宽农村地区银行业金融机构准入政策以来，村镇银行按照“先试点、后推开，先中西部、后内地，先努力解决服务空白的问题、后解决竞争不充分问题”的原则在我国逐步推开。首批试点选在四川、青海、甘肃、内蒙古、吉林、湖北6个省区。

2007年3月1日，我国首家村镇银行——四川仪陇惠民村镇银行挂牌成立。同年10月银监会发文，2008年将试点省区扩大到31个，2009年又提出了3年内在全国设立1027家村镇银行的宏伟目标。如图1所示，

2010 年和 2011 年村镇银行大幅扩张，截至 2011 年末，全国设立的村镇银行 726 家，两年时间新增近 600 家。

2011 年后，村镇银行进入稳健发展阶段，设立速度放缓。到 2015 年底全国村镇银行总计 1377 家，较上年末增加 11.7%，其中开业 1311 家，筹建 66 家。截至 2016 年 6 月末，全国共组建村镇银行 1412 家，其中开业 1371 家，筹建 41 家，新增了 35 家。至此，村镇银行已经覆盖全国 65.9% 的县市，其中吉林、辽宁、江苏、湖北、海南、上海、天津、重庆、宁波和青岛 10 省市实现县域全覆盖，山东、安徽、浙江县域覆盖率已超过 90%。

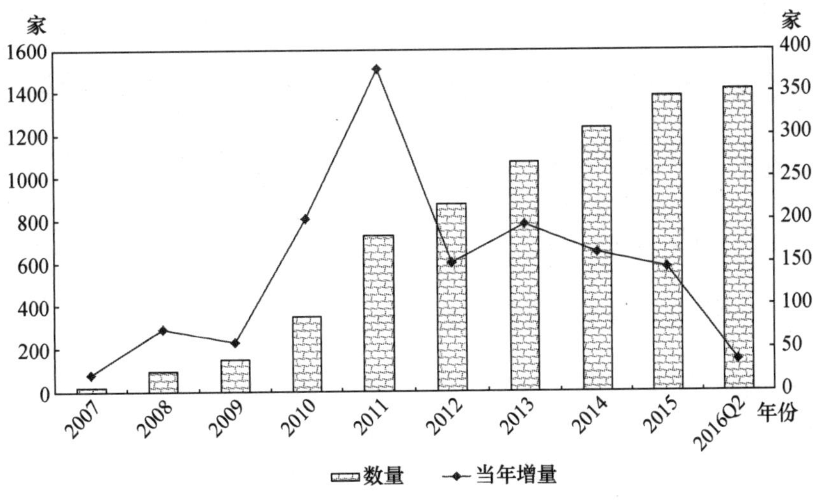

图 1　2007—2016 年第二季度村镇银行数量变化

资料来源：中国银行业协会网站。

在村镇银行网点数量方面，本次调研中对此提供有效信息的97家村镇银行中，只有1家网点的有28家，占28.57%；2家网点的有33家，占33.67%；3家网点的有18家，占18.37%；4家网点的有7家，占7.14%；5家（含）以上的有11家，占11.22%。可见，村镇银行的网点数量较少。

2. 地区分布

整体来看，按照东中西部的划分，村镇银行分布较为均衡。截至2016年2月，在全国已开业的1328家村镇银行中，东部成立481家，中部成立482家，西部365家（见图2）。全部村镇银行中，设在国家级贫困县的有193家，占14.53%。可见，大多数村镇银行分布在中西部地区，与国家政策相适应，但是设立在贫困地区的占比较低。

东部10个省平均设有48家村镇银行，最多的是山东省，多达110家。中部9个省平均每省54家，最多的河南省有72家。西部12省平均每省30家，内蒙古最多，为79家。另外，江苏、浙江和河北成立的村镇银行数量接近或者超过70家，均在全国前列，如图3所示。值得一提的是，北京、天津、吉林、辽宁、上

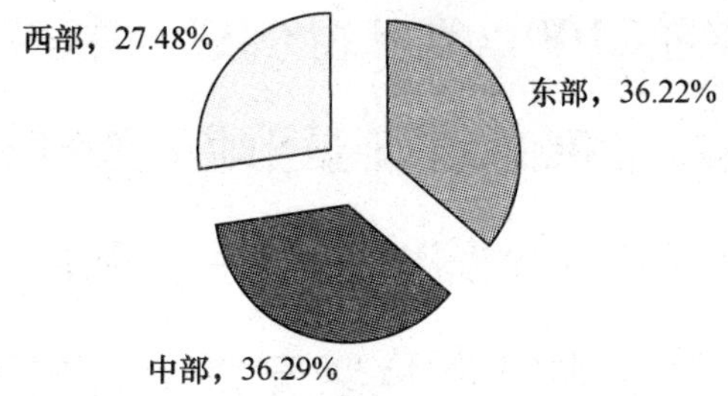

图2 截至2016年2月底全国村镇银行地区分布情况

注：东部地区10个省/直辖市，包括北京、天津、河北、上海、江苏、浙江、福建、山东、广东和海南；中部地区9个省，包括山西、安徽、江西、河南、湖北、湖南以及黑吉辽东北三省；西部地区12个省/自治区/直辖市，包括内蒙古、广西、重庆、四川、贵州、云南、西藏、陕西、甘肃、青海、宁夏和新疆。

资料来源：中国银行业监督管理委员会。

海、江苏、湖北、海南和重庆9省市实现村镇银行全省/直辖市覆盖。

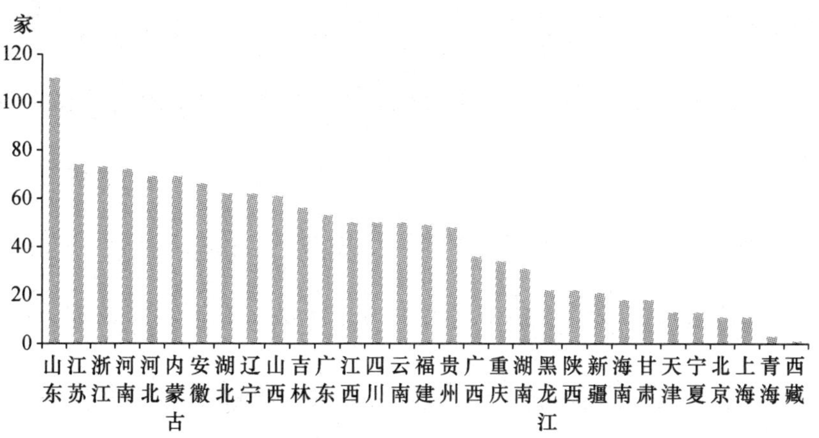

图3 截至2016年2月全国各省村镇银行分布情况

资料来源：中国银行业监督管理委员会。

通过与各省 GDP 以及人均 GDP 和人口的对比，如图 4 所示，村镇银行的布局与当地的经济和人口有着很大的关系，尤其在中西部地区相对明显。村镇银行分布数量多的省不管是人口还是经济总量，在所在地区都具有优势。

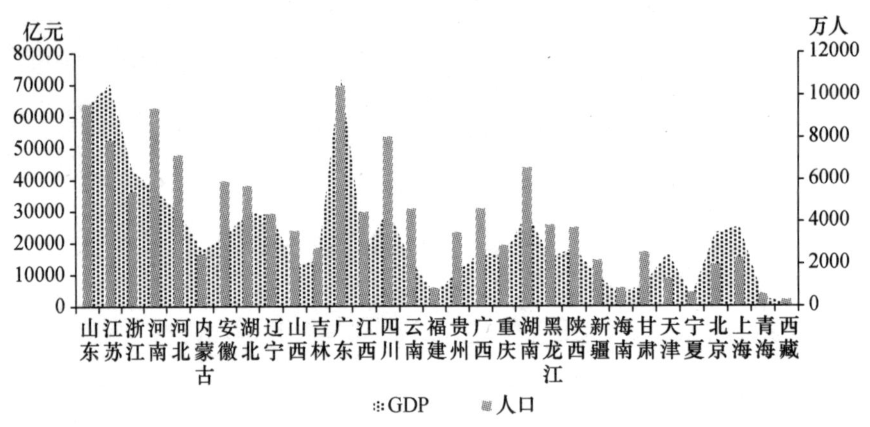

图 4 全国各省/直辖市 GDP 和人口比较

资料来源：GDP 按照国家统计局公布的 2015 年数据，人口按照国家统计局第六次人口普查数据。

3. 主发起行类型及其村镇银行数量与布局

村镇银行管理办法明确要求发起人必须至少有一家银行类金融机构是最大股东或唯一股东。2006 年以来，国有大型商业银行、全国性股份制商业银行、城市商业银行（包括城市信用社）、农村商业银行（包括农村合作银行）、农村信用社、外资银行、政策性/开发性银行7类机构都参与了村镇银行的发起和设立。

截至2016年2月，全国共有279家银行类金融机构发起设立了村镇银行，其中农村商业银行（含农村合作银行）占半壁江山，城市商业银行占1/3，农村信用社占1/10，其余机构总和不到10%，总体上，城商行和农商（合）行发起设立村镇银行最积极，这与它们意图利用此方法扩展可开展业务的地域范围有关，如图5所示。

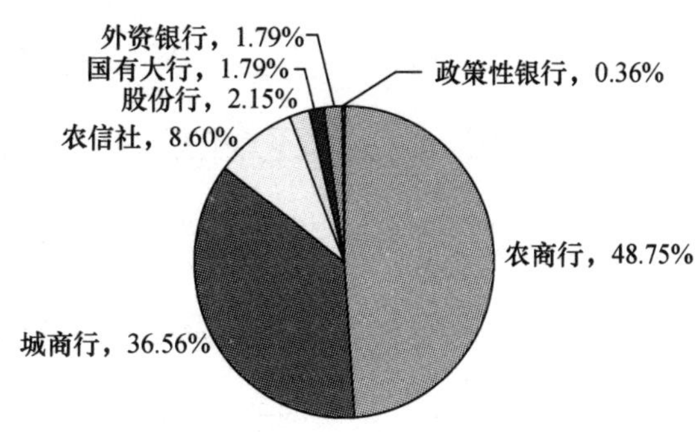

图5　截至2016年2月主发起银行构成

资料来源：中国银行业监督管理委员会。

截至2016年2月，每家主发起行平均发起设立了4.8家村镇银行。其中，农村商业银行（含农村合作银行）发起的村镇银行数量最多，接近700家；其次为城市商业银行，为400余家，如图6所示。

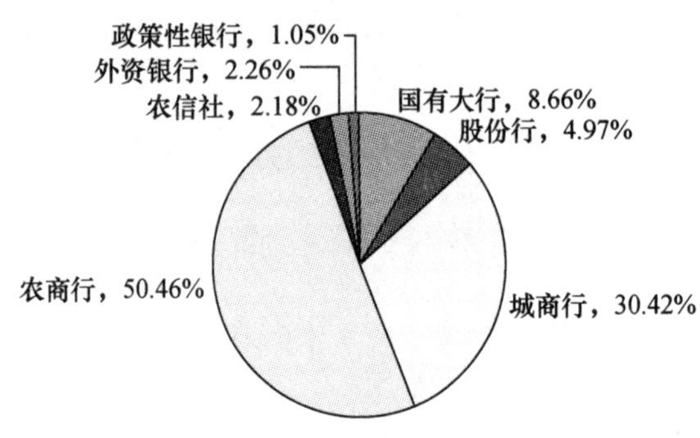

图6　截至2016年2月各类型银行机构设立村镇银行数量比较

资料来源：中国银行业监督管理委员会。

如果考虑到各类银行机构在全国的总量，也就不难理解为何农村商业银行成立的村镇银行数量以及参与村镇银行设立的农商行数量都很突出。截至2015年底，全国一共有930家农村商业银行，还有71家农村合作银行。事实上，设立村镇银行的农村商业银行只占到15%。而在全国133家城市商业银行中，有101家都已经设立村镇银行。全国性股份制商业银行也有一半参与了村镇银行建设。5家国有商业银行更是悉数设立了村镇银行。农村信用社参与村镇银行的比例最低，1373家信用社中，设立村镇银行的不到2%，这与信用社本身在县域和镇域就有网点有关。

七类银行机构在村镇银行地域分布上具有不同的特点：

（1）国有大型商业银行。大型商业银行整个流程和文化都是按照城市金融特点设计的，直接进入县域金融存在困难。而现在城市空间压缩，急需拓展新的市场。村镇银行正好为其抢占县域市场提供了有效工具。因此，这些银行设立的村镇银行不仅提供县域小额信贷业务，而且谋求对整个农业产业链的全覆盖。

这从建行设立村镇银行分布可见一斑。建行一共设立27家村镇银行，浙江（8）和江苏（6）分布得最多。建行对村镇银行的定位是发挥规模化经营优势，为农村产业链提供全方位金融服务，即向产业链上游的农机具生产商提供中期贷款，向产业链中游农业生产者提供长期基建贷款和短期收成贷款，向下游销售商提供国际结算、账款保理、贸易融资等各种结算和融资服务。

5家国有大型商业银行中，中国银行是设立村镇银行最多的，达76家。中行自2011年起与新加坡淡马锡合作，5年来批量化地推进村镇银行项目——中银富登村镇银行，探路体制外创新。目前，覆盖重庆、安徽、甘肃、贵州、河南、湖北、江苏、江西、山东、陕西、四川、浙江12个省/直辖市，中西部县占到78%，2015年存贷款较上年分别增长50%左右，很好地体现了“支农”、“支小”的目标市场与业务定位。

农业银行有6家，安徽、福建、湖北、陕西、浙江、内蒙古各1家。农行在农村地区本就具有网点优势，村镇银行是其服务“三农”新模式，选址充分考虑民营经济状况、中小微企业及个体私营客户、村镇居民金融需求。

交通银行有4家，山东、四川、浙江和新疆各1家。浙江安吉是长三角地区发展迅速的对外开放景区；青岛崂山位于黄海之滨，也是著名景区；四川大邑县旅游资源丰富；新疆石河子是新疆西部大开发的桥头堡，向西开放的前沿阵地，农牧业发达。

工商银行设立2家村镇银行，重庆和浙江平湖各1家，前者位于重庆一小时都市圈内，后者位于长三角，对外贸易发达。

（2）股份制商业银行。股份制商业银行中成立村镇银行最多的是民生银行，为30家，分布在15个省/直辖市，每个地区1—3家。民生银行坚持“做小微企业的银行”战略定位，而农业一直是小微企业授信政策的积极支持的信贷方向。15个地区分布广泛，既有经济发达的长三角地区，也有河南、四川、陕西等中西部地区，甚至在西藏设立了该地区唯一的一家村镇银行。西藏林芝经济发展迅猛，文化、旅游、农牧业都很有特色。

浦发银行以25家居第二位，分布在18个省/直辖市，2/3在中西部，每个地区大多为1家，最多的湖南省有5家。浦发村镇银行重点根据地域差异打造品牌影响力，如四川绵竹浦发村镇银行抓灾后重建和县域经济发展机遇；重庆巴南浦发村镇银行抓住当地农业科技推广、农业产业结构调整的机遇，积极扶持养殖户和种植户，培育和开发潜在的农村市场；上海奉贤浦发村镇银行推出了“农民专业合作社综合创新服务模式”项目。

恒丰银行设立5家，分布在江浙和重庆、四川民间资本活跃的地区。恒丰银行把小微和“三农”作为差异化竞争的突破口，村镇银行的分布也体现了这一点。

光大银行2家村镇银行分布在湖南韶山和江苏淮安。前者农业改革快速推进，依托历史和旅游资源，观光农业、生态农业等发展好。后者位于江苏省中北部，江淮平原东部，地处长江三角洲地区，南京都市圈紧密圈层城市，拥有悠久的历史，旅游资源丰富，还是全国闻名的绿色农副产品产加销基地。

中信银行1家，在浙江临安布局1家，位于长三角地区，拥有香榧、山核桃、茶叶等特色农业，驻有几十家杭州市级农业龙头企业。

华夏银行3家，在北京大兴、四川江油、云南昆明呈贡各有1家。大兴具有发达的农业产业优势；江油市地处成渝经济区北端，是绵阳国家科技城重要辐射区；呈贡为昆明五区之一，中国著名的花卉和蔬菜生产基地。

（3）政策性银行。政策性银行中，国开行成立14家，北京、天津、甘肃、湖南、吉林、内蒙古、青海、山东、浙江、广东各1家，湖北和四川各2家。

（4）城商行。在设立村镇银行的101家城商行中，平均每家城商行设立不足4家村镇银行。其中有36家城商行只设立1家村镇银行，这些村镇银行大部分分布在城商行所在的省，个别行跨区域，如广州商业银行在大连设立村镇银行。

设立村镇银行最多的是包商银行（32家）、内蒙古银行（31家）、哈尔滨银行（25家）、九江银行（13家）、吉林银行（10家）。这些城商行成立的村镇银行大部分分布在本省内，如图7所示，内蒙古银行和吉林银行均达70%。而哈尔滨银行在黑龙江省仅设立4家村镇银行，另外21家分布在13个省市。包商银行在本省以外设立的村镇银行比例近60%，涉及13个省市。

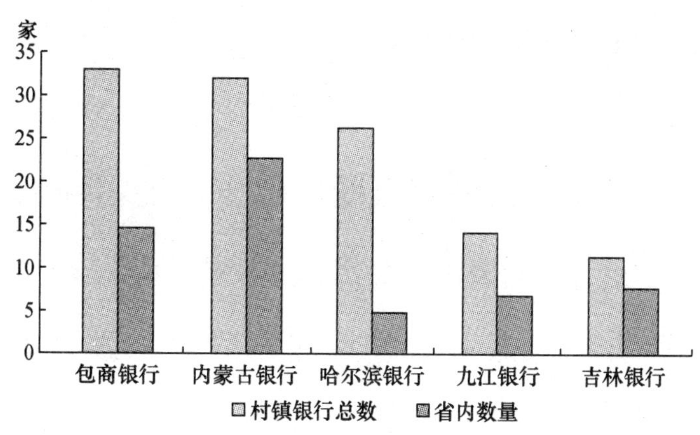

图7 截至2016年2月前五家城商行设立的村镇银行分布情况

资料来源：中国银行业监督管理委员会。

另外，在设立村镇银行数量不多的城商行中，一些也侧重于域外扩张，如浙江的两家城商行、上海银行等，如图 8 所示。

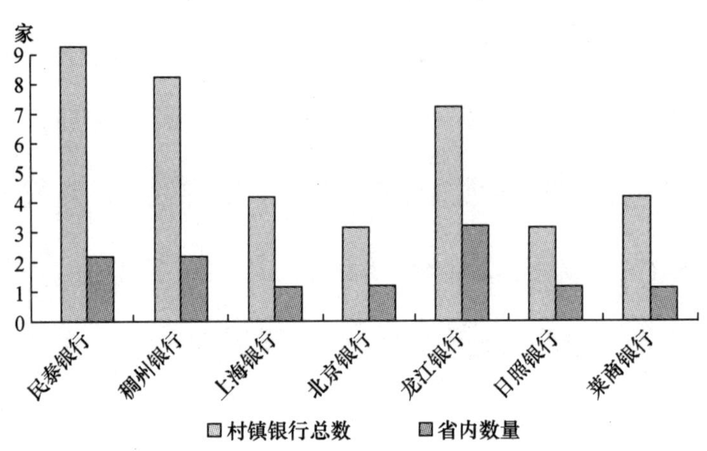

图 8　截至 2016 年 2 月域外设立村镇银行较多的城商行

资料来源：中国银行业监督管理委员会。

这些向外发展的城商行既有位于江浙沿海发达地区的，也有位于东北和中部经济增长缓慢或者较为落后地区的。扩张方向比较分散，长江经济带、云贵地区、华北地区是重点，东北地区较少。

大部分城商行仍重点开发区域内市场，甚至相当一部分城商行设立的村镇银行全部位于省内。这些城商行主要分布在山西、河北、辽宁、湖北、湖南、陕西、四川等省。

（5）农商行。在设立村镇银行的136家农商行（包括农村合作银行）中，平均每家农商行设立5家村镇银行。成都农商行以39家位居首位；上海农商行次之，为35家；其次为吉林九台农商行（30家）、武汉农商行（29家）、鄞州农村合作银行（24家）、广州农商行（23家）、尧都农商行（23家）。另外，还有57家农商行（其中，20家农合行）只设立1家村镇银行。

农商行在村镇银行设立上呈现不同的地域分布，如图9所示，一些农商行具有明显的跨区域特征，相当一部分村镇银行都位于这些农商行所在省以外的地区，如

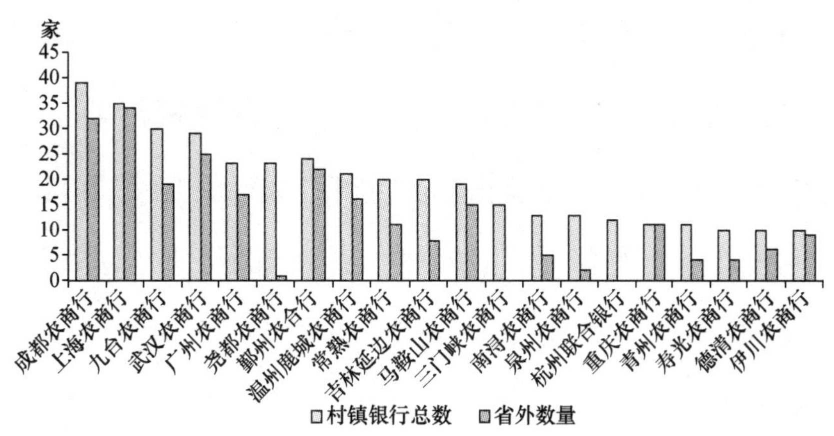

图9　截至2016年2月农商行（设立数量不低于10家）设立村镇银行分布情况

资料来源：中国银行业监督管理委员会。

上海农商行、武汉农商行、鄞州农村合作银行。另外一些农商行则专注于本地区，村镇银行分布窄，既有设立超过 20 家村镇银行的山西尧都农商行，也有成立只有几家的农商行，如随州农商行、太仓农商行、侯马农商行、莱州农商银行。这些尚未大规模向外发展的农商行以山东、山西的居多。

（6）信用社。截至 2016 年第一季度，总计有 23 家农村信用社设立村镇银行，每家仅设立 1 家村镇银行，且均布局在当地，以辽宁和贵州最多，海南、内蒙古、宁夏也有分布。

（7）外资银行。中国轰轰烈烈的城镇化和农村金融巨大市场潜力吸引了外资银行的注意，再加上规避政策限制需求，一些外资银行也在设立村镇银行。

外资银行设立村镇银行最直接目的还是要为自己的客户服务，这就决定了这些村镇银行的分布会集中在其客户集聚地，经济相对发达。如澳洲联邦银行设立的 15 家村镇银行主要分布在河北和河南矿石资源和钢铁产业聚集地，该行致力于推动中澳贸易，而铁矿石是中澳贸易最重要的商品。

汇丰银行一共设立 12 家村镇银行，第一家村镇银行也是外资银行在我国设立的第一家村镇银行，位于湖北随州，农业经济发达，进出口贸易居湖北首位；重庆大足县则是重庆一个卫星城镇，潜力大；广东恩平更是中国第一侨乡；大连普兰店、山东荣成、福建永安等均位于东部沿海地区，经济发达，旅游资源丰富。

澳新银行在重庆梁平成立1家村镇银行，梁平为中国特色竹乡，还是第一非物质文化遗产大县。

东亚银行设立1家村镇银行，其所在的陕西富平县位于关中腹地，中华文明发源地之一，农业历史悠久。

渣打银行设立1家村镇银行，所在的内蒙古和林格尔为呼和浩特下辖县，蒙牛工业园、澳亚牧场所在地。

4. 资产规模

2015年末村镇银行资产规模首次破万亿元，全国有306家村镇银行资产规模在10亿元以上，其中91家超过20亿元，13家超过50亿元。截至2016年6月末，全国村镇银行资产总额10810亿元，较2015年末增加795亿元。照这样的发展趋势，全年增速不到10%，远低于2008年近14倍和2009年近10倍的增速，如图10所示。

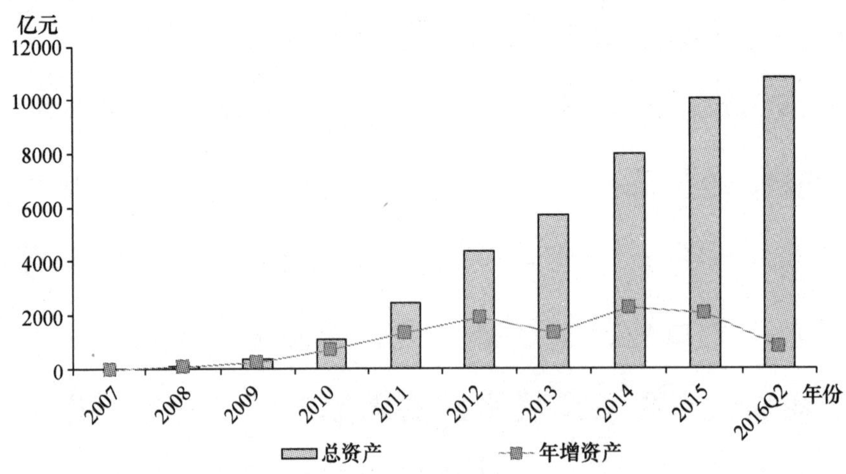

图 10　2007—2016 年 6 月村镇银行资产规模变化情况

资料来源：2016 年数据来自中国银行业协会，其余来自中国银行业监督管理委员会。

自从 2011 年村镇银行设立速度放缓以来，资产规模增速也随之放缓，平均资产规模也保持着相似的趋势，甚至在 2016 年出现了下降，如图 11 所示。

如图 12 所示，2015 年全国村镇银行总资产增速虽然达到了 25.6%，但相较上一年回落近 15 个百分点，与其他银行业金融机构的变化趋势不一致。当年全国银行业金融机构总资产达到 194.17 万亿元，同比增长 15.5%，相较于 2014 年增速明显回升。其中，商业银行总资产同比增长 15.4%，增速提高 1.53 个百分点。城商行增速达到了 25.4%，较 2014 年提升 5 个百分点。

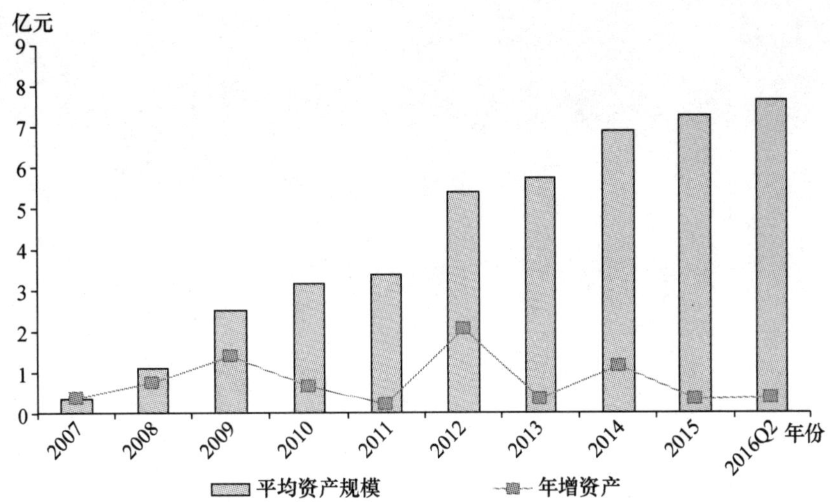

图 11　2007—2016 年 6 月村镇银行平均资产规模变化情况

资料来源：2016 年数据来自中国银行业协会，其余来自中国银行业监督管理委员会。

城商行中资产规模最大的北京银行当年资产增长亦达到了 21%。农商行资产增长更是超过了 30%，资产规模最大的重庆农商行增长近 16%，也是相当可观的。

2015 年底，在银行业金融机构资产总额当中，城商行总资产占比为 11.7%，农商行占 7.8%，村镇银行占比不到 1%。可见，村镇银行资产规模不管是绝对量还是增量，在银行业金融机构中都是非常小的。

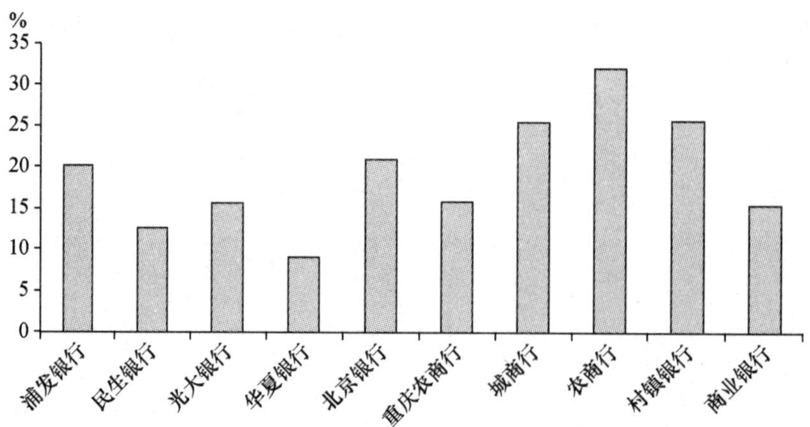

图 12　2015 年村镇银行与其他银行机构资产规模增速对比

资料来源：中国银行业监督管理委员会 2015 年年报。

（二）村镇银行产权与治理结构

1. 股权结构

在参加本次调研的 98 家村镇银行中，注册资本最高额为 3 亿元，有 1 家；最低额为 300 万元，有 1 家；平均每家的注册资本为 7717.80 万元；众数为 5000 万元，共有 51 家，占 52.04%。

从股权结构来看，主发起行绝对控股的有 62 家，占63.27%。其中，股份占比为100%的有1家，占比为51%的有50家；占比最低的为20%，有7家。各家主发起行股份的平均占比为47.51%。可见，大多数主发起行在村镇银行中处于绝对控股地位。

2. 治理结构

关于村镇银行的治理结构，需要从两个层面进行分析。首先是主发起行层面。一些发起村镇银行较多的银行成立了专门的村镇银行管理部门，内设综合管理、业务发展、财务管理、人力资源、风险管理、审计预警或贷款审核等团队。有些主发起行还在所设村镇银行相对集中的地区设立了村镇银行管理分部及其下辖的综合管理、财务会计及风险管理等业务条线，通过村镇银行董事会平台近距离对村镇银行提供业务或风险等方面的指导和管理。

其次是村镇银行层面。村镇银行采用股份有限公司或有限责任公司两种形式，其治理结构可分为两种情况。一是股东人数较多、股本规模相对较大，或者运行较为成熟的村镇银行建立了完整的“三会一层”的组织架构，即有股东大会、董事会、监事会和管理层；二是股东人数较少、注册资本相对较小的村镇银行中，有的设有董事会，没有监事会，有的董事会和监事会都没有，而只有执行董事，代行董事会职责，另设1—2名监事。在村镇银行设立初期，股东们更倾向于后一种精简的治理架构，以节约运行成本，提高决策效率。

各家村镇银行的董事和监事成员的产生方法不尽相同。多数村镇银行是按照公司法规定，由股东（主要是由大股东，即主发起行）提出董事会、监事会候选人，然后选举产生。行长由董事会聘任，有的来自主发起行，有的则是在村镇银行当地招聘的。一些处于绝对控股地位的主发起行对村镇银行董、监事和高管人员采用委派制，并由村镇银行股东大会和董事会选举产生，由村镇银行聘用。这后一种方式在很大程度上将村镇银行置于主发起行的分支行地位。

村镇银行的管理体制基本上都是董事会领导下的行长负责制。董事会下设有关战略规划、执行、风险及关联交易委员会、审计委员会等专门委员会。经营层下设综合、业务、客户、风险等部门。尽管许多村镇银行可以作为独立的公司法人自主决策，自我发展，但是，仍有一些村镇银行的决策和业务执行在很大程度上受制于主发起行，处于分支行的地位。例如，有的村镇银行对常规低风险业务授权本行董事会或经营层管理，对超出董事会或经营层管理权限的业务实行委托管理制，由发起行按业务条线化管理模式进行管理等。

（三）市场定位与经营策略

1. 宗旨与市场定位

从调研的情况看，各家村镇银行都了解国家关于村镇银行政策的目的与对村镇银行的基本市场定位。因此，几乎所有村镇银行都表示以践行普惠金融政策、“支农”、“支小”为机构宗旨和目标，将自身的市场定位于服务于当地（注册地）的农村、农业、农民、小微企业、个体工商户和社区百姓，根据“小额、分散”的原则，以及目标客户的特点开发相应的产品，与其他银行机构进行差异化竞争。

在调研中也发现个别村镇银行尽管在名义上也“支农”、“支小”，但是其贷款却并未如此。首先，这样的村镇银行设立在城乡结合部，由于当地城镇化程度较高，客观上农民人口极少，农业在经济总量中的占比都很小，所以，几乎“无农”可支。其次，客户对象瞄准的不是“小微”，而是“中小”。在自身资产规模有限的情况下，致使信贷风险集中度处于较高水平。

2. 品牌营销策略

村镇银行成立时间短，规模小，社会认知度和信任度低，这是村镇银行面临的共同问题。所以，各家村镇银行都将加大品牌宣传力度，提升社会形象，作为一项重要的市场竞争策略。为此，村镇银行采取了多种多样的措施，例如，利用各种载体宣传展现村镇银行服务县域、支农扶小的经营特色和金融产品；到农村社区开展形式多样的宣传活动、联谊活动、公益活动，提高与公众的黏合度；通过打造标杆网点、开展优质服务竞赛等形式，提高服务质量，打造村镇银行优质高效的服务品牌；优化客户体验，村镇银行的网点运营、柜面服务、品牌标识、业务流程均实行统一规范的标准化管理，并提供多样化、人性化服务；拓宽宣传渠道，通过微信平台、客服电话广泛收集客户需求或建议，提升客户或潜在客户参与主动性，有效增强业务改进或创新驱动性；加强银村、银社合作，与村委会、物业委员会或社区中心等组织建立信息沟通与共享机制，在客户信息收集、信用评定、业务推广及基础业务受理等方面积极开展合作；合理布局和增设分支机构，向下延伸网点和业务，扩大服务覆盖面，提高知名度；等等。

（四）村镇银行内部管理

1. 风险管理机制

村镇银行的风险管理系统与主发起行密不可分，大都是在主发起行的指导，甚至是直接参与和帮助下建立起来的。第一，大多数村镇银行都是在主发起行的指导下制定各项规章制度。第二，主发起行为村镇银行建立后台管理系统，包括核心业务系统、验印系统、指纹系统、风险预警系统、协同办公系统等，并接入农信银、大额支付及财税库银业务系统等，丰富结算功能和渠道，推进村镇银行的信息和互联网技术的应用，提高其日常运营能力。第三，一些主发起行牵头与村镇银行签署流动性救助协议，指导开展流动性救助业务演练，并加强日常风险监测，推进风险调研与培训，切实提升村镇银行流动性风险管理能力。第四，有的主发起行向村镇银行派出风险主管人员，培养和建立村镇银行的风险管理队伍。第五，有些主发起行为村镇银行建立内部和外部审计制度，并指导村镇银行处置风险贷款。第六，村镇银行依托主发起行的客服中心资源，开通客户服务热线；主发起行通过各种方式征询客户意见，规范村镇银行员工日常行为，防范风险隐患。

2. 人力资源管理

村镇银行的人力资源开发也基本上都是依托主发起行开展的。第一，主发起行帮助村镇银行选聘高级管理人员。有些是从本行管理人员中选派，有的是实行本土化策略，从村镇银行所在地招聘同业经验丰富的优秀人才担任董事长、行长等高管岗位。第二，主发起行帮助村镇银行建立薪酬和绩效考核机制，制定人才职业发展规划。第三，主发起行为村镇银行各级管理人员建立多层次的培训体系，有的主发起行是独立建设培训体系，有的是与外部培训机构合作。第四，主发起行帮助村镇银行建立后备人才库，帮助优秀干部员工提升职业素养和业务技能，打造阶梯式人才队伍。第五，主发起行为村镇银行培训提供必要的教室和软硬件设备，利用互联网技术和视频会议设备，建立网上学习平台和视频学习系统，全方位、多渠道地提高员工素质。

（五）网络信息技术的应用

1. 依托主发起行开发信息化管理系统

网络信息技术的应用越来越多地改变了现代金融的运营模式，创造了各种方便快捷的服务手段，如网上银行、手机银行、微信银行、自助设备等自助服务系统，以及各种业务与综合管理系统。网络信息技术的应用水平已经成为影响金融机构市场竞争力的重要因素。但是，网络信息技术应用不仅需要大量的专业人才，而且需要巨大的资金投入。以村镇银行的资金规模、盈利能力和人力资源，不但难以建立起基于网络的信息化管理系统，即使勉强建立起来，其适用性、兼容性、扩展性等各方面都难以满足业务发展和市场竞争的需要，而且缺乏规模经济效应。因此，目前几乎所有村镇银行都是依靠主发起行开发和建设信息化管理系统。

主发起行为村镇银行建立信息化管理系统的方式基本上有三种：一是依托主发起行自身的科技力量独立开发；二是委托外部专业机构开发；三是自身开发与委托外部机构开发相结合。开发的信息化管理系统包括交易系统（如综合业务系统、银行卡系统、信贷系统等）、结算系统审贷系统（如大小额支付系统、农信银支付清算系统、银联卡清算系统等）、外围管理系统（如客户管理系统、绩效系统、报表系统、事后监督系统、审计系统、非现场风险预警系统、实时监控系统等）、内部办公系统、统一的网站系统、客户服务统一呼叫系统或员工薪酬考核系统，等等。

2. 基于网络技术的服务模式和产品

从调研的情况看，各村镇银行网络信息化业务模式和产品相差较大。一些主发起行资金和科技等实力较强、自身规模较大的村镇银行的服务模式和产品较多，使用了自助服务机具、网上银行、手机银行、微信银行等，实现存款、取款、转账、查询及他行银联卡的取款、查询和转账等功能。一些村镇银行发行了磁条银行卡，有的还发行了金融 IC 卡。有的村镇银行开始使用远程视频柜员机（VTM），依托“1+1”（即一台 VTM+一台 CRS）设立普惠金融服务点，在城乡结合部、人口密集的村镇等布局，业务辐射到周边各社区，实现了“自助银行”以每个社区服务中心为圆点、辐射周边村庄的金融服务无缝覆盖，形成社区银行发展模式。一些村镇银行在边远山区放置的便民服务终端，打通了金融基础服务“最后一公里”，为当地的农户（尤其是农村留守老人）提供了方便、快捷、高效的金融服务。有些村镇银行主动加强与第三方支付机构的业务合作，如支付宝、京东支付和微信支付等，开展以信息技术为载体的产品和服务创新，搭建“支付+融资”的综合性电商平台，实现支付中介职能与融资中介职能的有机联动。有的村镇银行加入了财税库银系统（简称“TIPS”），向打造全功能银行方向迈出了重要的一步。

3. 信息化管理系统的作用与问题

主发起行为村镇银行开发的电子管理系统的作用表现在三个方面。首先，电子管理系统为村镇银行利用现代信息和互联网技术，提高管理质量和效率，大幅提升客户体验，开拓业务，增强竞争力，提供了基础条件。其次，依托主发起行的技术平台而开发的系统实现了主发起行对村镇银行的远程高效管理，对规范村镇银行操作，提高资产质量，预防和监控风险提供了可能。最后，为村镇银行减少了大量的开发与运维费用。

但是，由主发起行主导建立的电子信息化管理系统也显现出诸多问题。第一，受限于村镇银行规模和技术力量，上述系统的运行需要依靠主发起行或其他外部受托方，有村镇银行反映主发起行或其他外部受托方对村镇银行的创新性需求反应速度较慢，而村镇银行又缺乏能力，常常难以根据自身和市场需要及时改造系统，有效地提供本地化、个性化的服务和产品，导致村镇银行系统客户体验和完善性与成熟的商业银行无法比拟。第二，在基于和嵌入主发起行管理系统，解决了开发的资金和技术难题的同时，村镇银行也更加失去了自主性。第三，开发的管理系统不够系统、完善，随着村镇银行支行网点的持续增加和业务发展的需要，村镇银行还将面临网络及设备安全管理、新业务系统和管理系统更新、升级等现实问题。第四，一些村镇银行由于大小额、超级网银等支付结算资格不全，无法直接接入人民银行大小额支付系统，而业内无成熟全面代理接入解决方案。第五，一些主发起行是城商行或农商行，其本身的研发能力有限，限制了其为村镇银行提供科技服务的能力。

（六）业务（产品）种类及其开展情况

1. 存贷款业务

村镇银行在数量逐渐增加的同时，存贷款业务规模也在不断发展壮大，不过增速均呈放缓之势。全国村镇银行存贷款余额逐年增加，2008 年底不足百亿，2012 年前，存贷款余额增速曾高达三四倍，最低的也要超过一倍。此后双双回落，2015 年增速降到了 25% 左右，2016 年存贷款增速继续回落。截至 2016 年 6 月末，全国村镇银行各项存款余额 8021 亿元，较 2015 年末增加 7.23%，贷款余额 6471 亿元，较 2015 年末增长 10.05%，如图 13 所示。

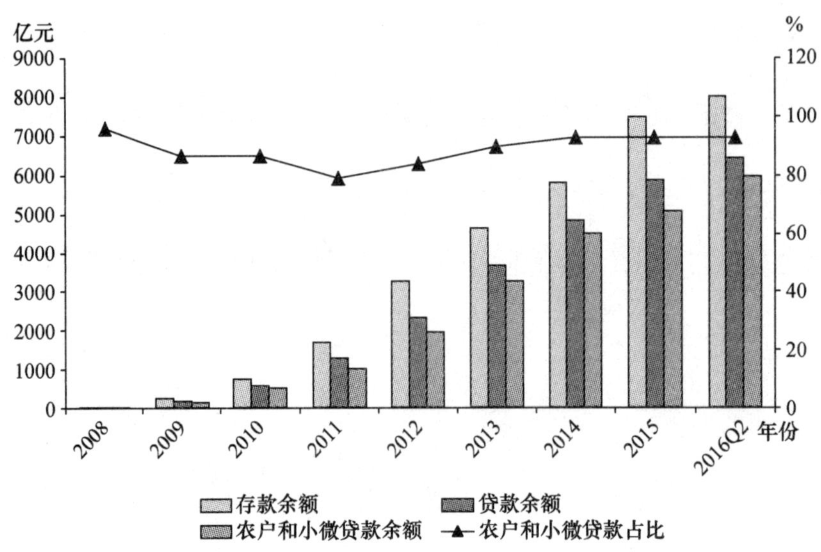

图 13　2008—2016 年 6 月村镇银行存贷款余额变化情况

资料来源：2016 年数据来自中国银行业协会，其余来自中国银行业监督管理委员会。

即便如此，总体上村镇银行的存贷款余额增速仍快于银行类金融机构平均水平，尤其是贷款增速。2015 年全国村镇银行存贷款分别增长 28.79% 和 20.94%，而当年全国银行金融机构存贷款增速均不超过 15%。可见，村镇银行仍然具有较大的发展潜力。

在村镇银行的贷款余额中，“三农”和小微企业贷款余额一直占比很高。截至 2015 年末，村镇银行各项贷款中，农户与小微企业贷款余额合计 5067 亿元，占比为93%（见图13）。村镇银行吸收资金主要用于投放当地，2016年第一季度全国村镇银行存贷比达到83.07%，高于2015年底的78.6%，居县域银行业金融机构首位；信贷原则坚持“小额、分散”，户均贷款余额46万元，较2015年底的48.2万元进一步下降。

2. 其他业务

在存贷款之外，开展其他业务的村镇银行很少，而且开展的业务种类也较少，主要有各种手续费收入，如支付结算、同业往来、代理发起行理财产品、少量委托贷款业务、上门代收款等业务。这些业务的规模也很小，部分村镇银行的其他业务收入占全部收入的比例不足1%。

四　村镇银行的经营管理绩效

（一）财务绩效

1. 经营效率

（1）成本收入率。在成本收入率方面，在本次调研中提供了这一数据的97家村镇银行中，最小值为22%，最大值为206%，平均值为60%；低于平均值的有64家，占65.98%；高于平均值的有33家，占34.02%，其中等于或高于100%的有5家，占97家的5.15%（见图14）。可见，大多数村镇银行都能够实现自负盈亏。

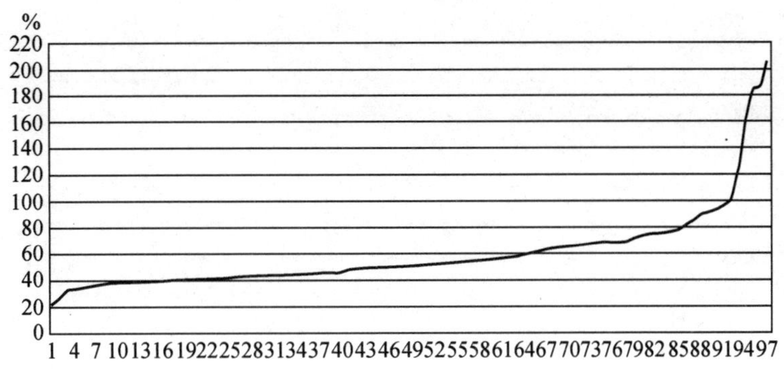

图 14 97 家村镇银行成本收入率（2015 年）

（2）员工管理效率。在员工管理效率方面，从上述 97 家村镇银行反馈的数据来看，2014 年平均每位员工管理的贷款余额分别为 793.89 万元，2015 年为 995.36 万元，增长了 25.38%（见图 15）。员工管理效率较低的村镇银行大多是成立时间较晚，运营时间短。随着运营时间的延长和信贷规模的增长，村镇银行的经营管理效率普遍快速提高，但也有少数村镇银行的管理效率在 2015 年下降了。

2. 贷款质量

根据银监会公布的数据，随着规模日渐壮大和风控能力的提高，村镇银行的风险得到了较好控制，主要监

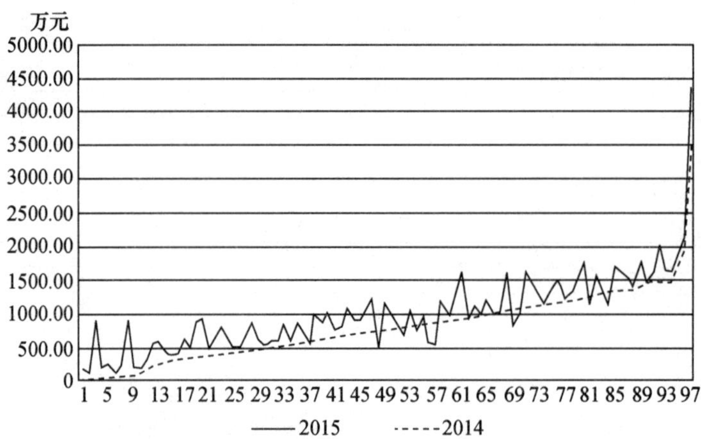

图15 97家村镇银行平均每位员工管理的贷款余额（2014—2015年）

管指标表现高于商业银行。截至2015年末，全国村镇银行加权平均资本充足率21.7%，远高于商业银行的13.45%；拨备覆盖率254.9%，高于商业银行的181.18%；拨贷比3.7%；流动性比例77.1%；不良贷款余额84.7亿元，不良贷款率1.44%，均低于农商行、国有大银行、股份制银行以及银行业金融机构的平均水平（见图16）。

不过，村镇银行风险有上升趋势。截至2015年底，全国村镇行关注类贷款余额267.3亿元，关注类贷款率4.5%，分别较年初增加128.3亿元和1.7个百分点；逾期90天以上贷款与不良贷款的比例为178.4%，较

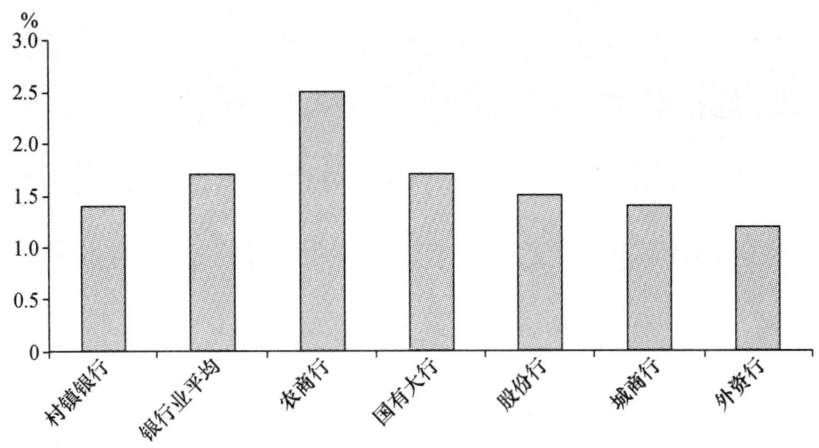

图16　截至2015年底商业银行不良率比较

资料来源：银监会《全国新型农村金融机构2015年度经营及风险情况的通报》。

年初上升46.1个百分点，贷款质量下迁压力较大。其中，宁夏、青海、内蒙古等地区关注类贷款率较高，宁夏、深圳、天津、四川、青岛等地区逾期90天以上贷款与不良贷款的比例较高。

2015年不良贷款持续增加，全年增加近1倍，达43.3亿元。2016年第一季度不良贷款率较上年末再升高0.19个百分点至1.63%，拨备覆盖率降至231.1%，全国42家村镇银行不良率达到10%以上。可见，总体上村镇银行的信贷风险状况不容乐观。

3. 盈利能力

总体看，目前村镇银行盈利能力有待提高。2014年前村镇银行盈利能力确实在不断改善，盈利面已经接近90%，资产利润率和资本利率润也逐渐提高。但2015年资产利润率和资本利润率分别较2014年同期下降0.2个和0.7个百分点。进入2016年，盈利仍在继续下滑。截至2016年第一季度，全国村镇银行资产利润率和资本利润率分别为1.11%和8.32%，均低于商业银行1.19%和15.96%的平均水平（见图17）。

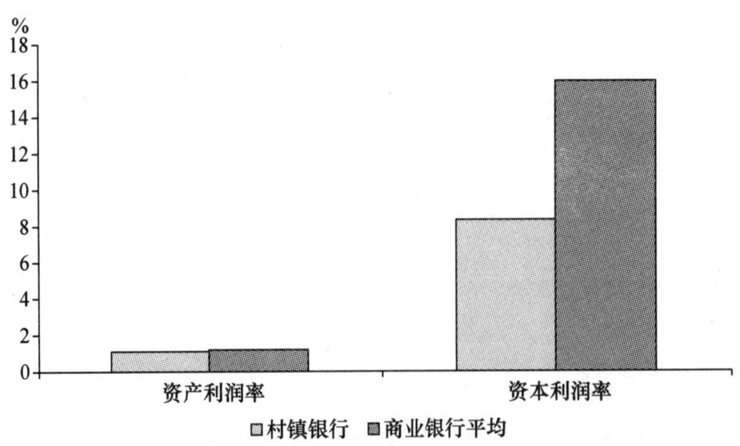

图17　2016年第一季度村镇银行盈利状况

资料来源：中国银行业监督管理委员会。

2015 年存贷利差较 2014 年下降了 0.5 个百分点，再加上资产质量下降，村镇银行盈利指标下滑，全国 254 家村镇银行经营亏损，亏损面接近 20%（见图 18），其中 31 家机构净亏损在 1000 万元以上，开业 3 年以上的 110 家机构净亏损合计达到 8.5 亿元。

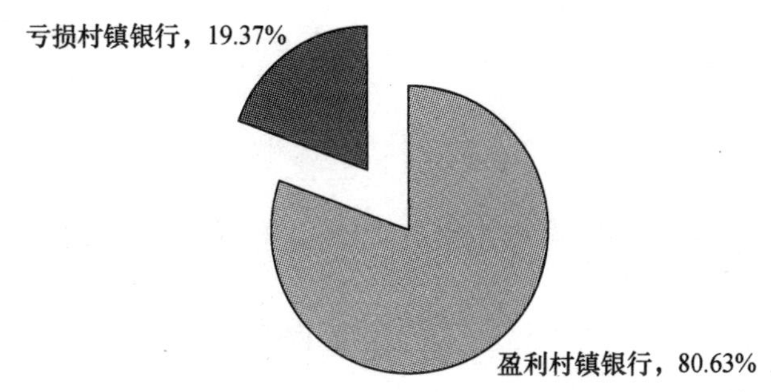

图 18　2015 年全国村镇银行盈利情况

资料来源：中国银行业监督管理委员会。

村镇银行盈利水平较低的重要原因是融资成本过高，而盈利水平相对较低。由于村镇银行个体小、网点少，在当地的社会知名度较低，百姓对村镇银行还较为陌生，办理储蓄存款业务意愿不强，此外，各大银行的高利率理财产品推出后，村镇银行客源流失明显。为了能留住资源，村镇银行不得不支付高额利息，导致融资成本上升。同时，村镇银行面对的客户多是农户和小微企业，其贷款额度较低，单位成本较高，影响了盈利水平。

（二）社会绩效

所谓社会绩效，简言之，就是社会效益，是用来衡量金融机构服务小微企业和中低收入社会群体的状况。衡量信贷服务社会绩效的重要指标是覆盖面。覆盖面基本上包括覆盖广度和覆盖深度两个方面。所谓覆盖广度，是指一个机构服务客户的数量、提供服务的数量。而覆盖深度，是指从贷款额度等贷款条件来考察一个机构服务什么样的客户，是大企业还是小微企业，是富裕人群还是低收入人群。贷款额度越低，客户越接近底层，说明服务深度越深，对促进社会公平发展的意义更大。

1. 以服务“农、小、微”为宗旨的业务发展定位

坚持支持“三农”与小微企业、下沉服务重心是绝大多数村镇银行的发展宗旨。各村镇银行坚持服务“三农”、服务“中小”的市场定位，锁定符合村镇银

行特点的目标客户，不断总结和积累发展经验并调整产品和服务模式，通过错位竞争积极抢占市场，这有助于改善偏远乡镇居民对存款、取款和贷款等基本金融服务的可得性，辐射乡镇周边村庄的金融服务覆盖，打通金融基础服务“最后一公里”，从而对促进城乡普惠金融发展做出了有益的探索。

2. 覆盖广度

从参与本次调研的村镇银行的业务规模变化可以看到，村镇银行服务的客户数量快速增加，覆盖广度快速拓展。在提供了客户数量的93家村镇银行中，2014年平均每家有客户1017.35户，2015年上升到1479.81户，增长了45.46%。村镇银行起到了填补农村金融空白，增加农村金融供给的作用。

3. 覆盖深度

覆盖深度可以客户构成和户均贷款余额两个指标来衡量。村镇银行的客户构成中主要是以中小微企业与农户数量的占比来衡量。

关于小微企业和农户数量占比，本次调研中提供此项数据的91家村镇银行中，平均每家的农户和小微企业客户合计占比为91.58%，其中占比为100%的有28家，占这91家的30.77%；平均每家的农户与小微企业贷款余额合计在各项贷款余额的占比为90.63%。可见，村镇银行的服务对象基本上都是农户与小微企业，与政策目标是一致的。

在户均贷款余额方面，本次调研的村镇银行之间差距较大。在提供了这一数据的93家村镇银行中，2015年户均贷款余额最高的为253.29万元，最低的为7.58万元，平均65.47万元。如果剔除户均100万元以上的19家，则其余74家村镇银行平均每家的户均贷款余额为36.24万元。

在这93家村镇银行中，户均贷款余额在10万元（含）以内的有3家，10万—20万元（含）的有11家，20万—30万元（含）的有15家，这样，户均贷款余额不超过30万元的村镇银行共29家，占比为31.18%；30万—100万元（含）的村镇银行为45家，占比是48.39%；笔均100万元以上的村镇银行有19家，占比为20.43%。

2007年银监会颁布的《村镇银行管理暂行规定》

指出，村镇银行发放贷款应坚持小额、分散的原则。但是，对于“小额”到底应该是多少，国内存在很多争议。

根据国际上知名的小额信贷信息交流机构（Microfinance Information Exchanges，MIX）的观点，平均单笔贷款余额不超过当地人均国民收入（GNI）的2.5倍时，这样的贷款可称为小微贷款，也表示这样的贷款是服务于中低收入人群。这个观点得到国际上小微金融界的普遍认可。考虑到我国村镇银行政策的初衷以及村镇银行的经济社会环境，并参考国际实践，假如将我国的小微贷款额度上限定为不超过人均GDP 5倍，那么，2015年我国人均GDP为49229元，小微贷款的单笔发放额度上限为246144元（见表2）。由于我国不同地区经济水平存在巨大差距，所以在不同的地区小额信贷的额度应有所区别，以上海、甘肃、贵州、黑龙江和安徽（分别位于我国东西南北中不同地区）为例，小微贷款额度上限最高的是上海，为516816元，最低的是甘肃，为130606元，前者是后者的3.96倍（见表2）。

表 2　　小微贷款额度上限的测算　　单位：元

地区	2015 年人均 GDP	单笔小微贷款额度上限	
		人均 GDP2.5 倍	人均 GDP5 倍
全国	49229	123072	246144
上海	103363	258408	516816
甘肃	26121	65303	130606
贵州	29757	74391	148783
黑龙江	39569	98922	197845
安徽	31667	79167	158334

资料来源：根据下列官方数据计算：国家统计局《2015 年国民经济和社会发展统计公报》、上海市人民政府《2015 年上海市国民经济和社会发展统计公报》、甘肃省人民政府《2015 年甘肃省国民经济和社会发展统计公报》、贵州省人民政府《2015 年贵州省国民经济和社会发展统计公报》、黑龙江省统计局网站、安徽省人民政府《2015 年国民经济和社会发展统计公报》。

可见，尽管村镇银行的农户与小微企业客户占比非常高，但是，其户均贷款余额较高，有理由认为其客户对象主要是农户和小微企业中的所谓优质客户，其覆盖深度有待加深。

4. 关于户均贷款余额与信贷风险和盈利能力的分析

本次调研发现，有些村镇银行之所以户均贷款额度较大，一是因为希望寻找优质客户，降低信贷风险；二是希望尽快盈利，并保持较高水平。信贷业务的盈利状况既取决于单笔贷款额度，也取决于成本和风险损失状况。因此，更大的贷款额度并不意味着就能更加盈利。

本次调研中，把上述93家村镇银行的户均贷款余额按升序排列，可以看到，随着户均贷款余额的上升，成本收入率呈下降趋势，但是，不良率呈上升趋势，结果是资本利润率总体呈下降趋势（见图19）。可见，总

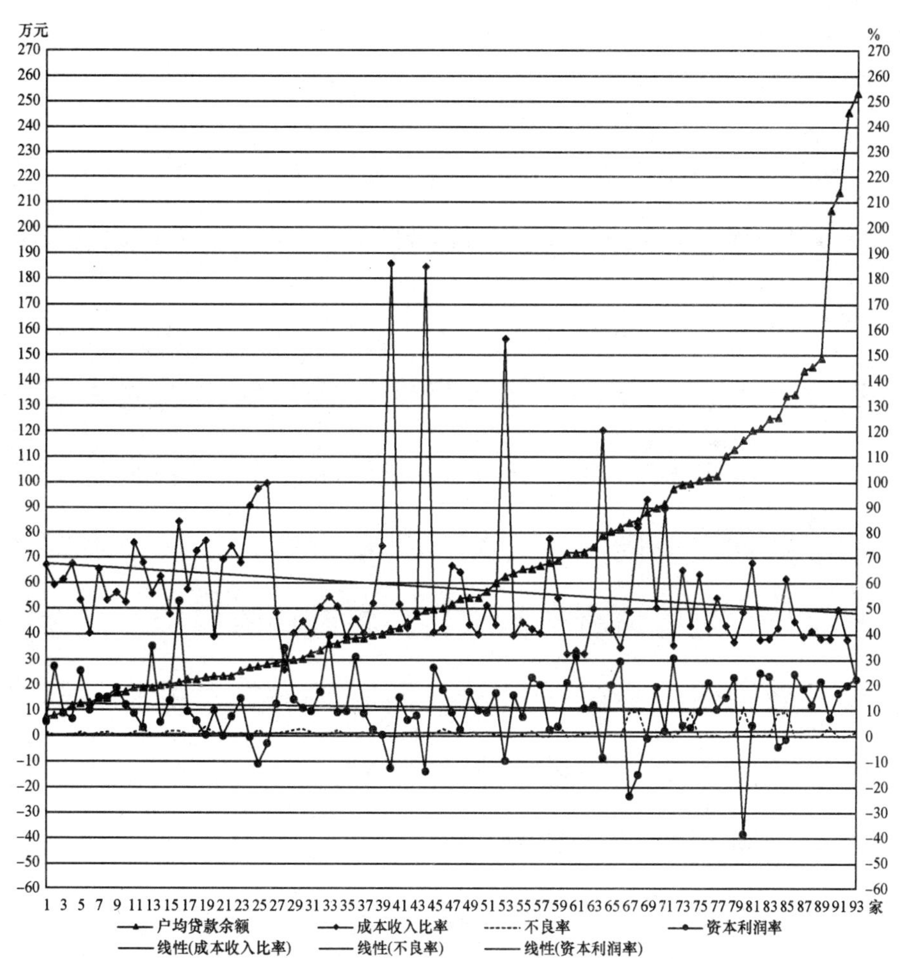

图19 93家村镇银行户均贷款余额、成本收入比率、不良率及资本利润率

体上更大的户均贷款余额并没有带来更高的收益，反而降低了。在本次调研中，户均贷款余额较大的村镇银行反映其贷款不良率较高，而真正做“小额、分散”的村镇银行则反映其资产状况良好。这与上述分析结果相吻合。因此，村镇银行的股东和经营者有必要改变观念，真正向“小额、分散”的方向努力。

5. 客户保护

为了帮助更多目标客户能够在金融服务的帮助下获得发展机会，一方面，大多数村镇银行通过主动走访县直局委、重点企业和主要乡镇，深入了解当地农户、中小企业的发展和目标客户的金融需求，切实制定适合当地的金融产品；同时不定期安排信贷客户经理下乡深入农村基层，进行信贷产品宣传，将该行的信贷产品及申请要求知识给农户进行讲解，同时了解农户的贷款需求及经营状况，为农户贷款打好基础。另一方面，为了防止客户因过度负债而产生过重经济负担引发信用危机，村镇银行会根据信息优势积极采取有效措施防控不良贷款，比如规定客户经理定时通知客户提前缴存利息，贷款到期前一个月提前通知客户还款，并向客户阐明拖欠贷款对其个人信用的影响及其重要性等。对于拖欠款客户，送达书面催收通知书，对于还息困难的客户，密切关注其财务状况，督促其提前做好偿还贷款本息计划。

同时，几乎所有的村镇银行都努力优化贷款审批和发放流程，提高贷款发放效率，为客户提供灵活、快捷的金融服务。村镇银行根据当地农户和小微企业的发展情况，设立与之相适应的审批及信贷准入标准，并针对农村经济的特点，压缩贷款审批流程，简化审查、审批程序，缩短办理时间，切实提升贷款审批效率，对符合条件的个人贷款，放款时间一般都在 3 天左右。

6. 员工发展

随着村镇银行的发展，各行经营管理者均逐渐意识到员工发展的重要性。很多村镇银行均开始重视员工业务培训，不断提高员工专业技能和综合素质。一方面鼓励员工参加外部培训，如抽调业务骨干到省银监局、市银监局参与培训学习，选派业务骨干到发起行微贷部、个人金融部、村镇银行管理部参加跟岗培训，深入学习信贷、风险防控等业务知识；另一方面积极开展内部培训，如定期组织信贷业务、风险管理、反洗钱、审计的专业培训。这种意识的兴起既有利于村镇银行自身的长期发展，又在客观上对提升行业从业人员素质、促进行业健康发展起到了重要作用。

7. 扶贫助困与社会发展

为了满足当地农户和城镇弱势群体的金融需求，各村镇银行积极进行业务创新，开发出一大批具有地域特色和产业特点的信贷产品。很多村镇银行都开发出“妇女创业贷款”、“下岗再就业贷款”、各类“合作社贷款”、“三权抵押贷款”及各种特色农产品贷款。这些信贷产品针对性强，申请手续简便，放款周期短，利率相对合理，还款周期和方式灵活，从而极大地改善目标客户的信贷可得性。这一方面能够有效地帮助农村妇女、下岗失业人员创业就业，并有力地支持生产经营大户、合作社、协会等经营主体加入产业链转型升级的进程而获得更多收益；另一方面，还能够促进当地产业的繁荣发展，并辐射产业相关从业人员，使其分享地区经济发展带来的益处，从而在客观上达到减少贫困的效果，促进社会和谐发展。

此外，很多村镇银行意识到社会影响力对自身发展的重要性，因而积极塑造本行在当地的良好形象，通过扶助特困家庭、提供便民服务、免费培训等方式深入到社区之中。比如有些村镇银行通过“金融下乡服务车”和“移动开卡终端”等设备实现“流动银行进乡村”，到农民家门口为农户提供银行卡开卡、手机银行、微信银行的开户、查询、金融知识宣传等基本金融业务；有些村镇银行则采取“信用村建设+惠农信贷进村入户”的方式，逐步推进和完善“信用村镇”建设，培育信用村，并采取集中授匾、发放《信用手册》、村委会信用推荐、失信公告等各种方式，强化和提升农户对信贷资金的按时还本还息意识。这些村镇银行在提供“零距离”金融服务的同时，还发挥了普及网络教育、金融教育等作用。这对提高当地社区居民综合素质、丰富居民生活、传播诚信意识等都有积极的意义。

五　有关政策的执行和落实情况

（一）主发起行制度

关于主发起行制度，本次调研发现，主发起行制度对实现政策目标，防范经营和社会风险，促进村镇银行健康快速发展起到了积极作用，但同时也存在一些不利于村镇银行独立健康发展问题。

1. 积极作用

第一，多数村镇银行在主发起行的指导下制定经营战略，将“支农”、“支小”作为市场基本定位，进行差异化竞争，有效地增加了农村金融市场供给，对“三农”事业发展起到很好的促进作用，尤其是一些建立在贫困地区的村镇银行，在主发起行的指导和支持下，制定了适合当地的信贷产品，对当地的扶贫脱贫事业做了积极贡献。

第二，发起行对村镇银行承担了风险兜底作用，对潜在的经营和社会风险起到了很好的预防和化解作用，维护了良好的金融秩序，也为村镇银行的发展创造了相对宽松的外部环境。

第三，发起行对村镇银行在业务发展、风险管控、流动性救助、科技系统支撑、人才培养等各方面进行全方位的服务和支持，实现集约化管理、专业化服务的模式，有利于村镇银行的稳健发展。村镇银行利用发起行成熟的专业管理人才和经验技术、品牌效应，可以帮助村镇银行在成立、成长阶段走得更加合规、更加稳健。

第四，随着村镇银行经营管理水平的提高，村镇银行可借鉴发起行的产品优势及平台优势，逐步代理发起行一些产品或承接发起行平台的线下业务，进而促使发起行和村镇银行协调发展，达到“双赢”。

2. 存在的问题

但是，主发起行制度也存在一定的问题，主要表现为以下四个方面。

第一，有的发起行以大股东身份或以实施并表为由将村镇银行作为分支机构直接进行管理，委派董、监事会和高层管理人员，直接干预村镇银行经营目标制定、贷款审批、员工招聘等日常经营管理活动，影响了村镇银行作为独立法人机构的地位。

第二，部分村镇银行的主发起行与股东之间的矛盾较大，影响到村镇银行的市场定位和策略，高级管理人员不稳定，影响了村镇银行的正常经营。

第三，部分村镇银行缺乏独立和主动的发展意识，在业务运营和管理上过度依赖发起行，容易变成发起行的分支机构，有违村镇银行独立运营初衷，且难以培养起村镇银行自我可持续发展的能力。

第四，村镇银行依托于主发起行的科技支撑，虽然减少了大量的开发与运维费用，但是，主发起行对系统的自主性和创新性需求反应速度较慢，难以及时满足村镇银行业务创新需要，而且，随着村镇银行支行网点的持续增加和业务发展的需要，村镇银行还将面临网络及设备安全管理、管理系统更新和升级等现实问题。

3. 改进设计——投资管理行

银监会在《关于做好2016年农村金融服务工作通知》和《2016年农村中小金融机构监管工作要点》两个文件中提出，“允许已投资一定数量村镇银行且所设村镇银行经营管理服务良好的商业银行，选择一家条件成熟的村镇银行作为投资管理行，提升批量化组建、集约化经营和专业化服务水平”，“支持符合条件的主发起行或者投资管理型村镇银行，通过认购新股、受让股权等方式，规模化并购设立分散、管理成本高、经营风险大、主发起行优势不明显的村镇银行”等政策。这在一定程度上为经营管理良好的村镇银行拓市场、提资质、跨台阶发展提供了机会。

在投资管理行制度下，运行相对成熟的村镇银行应当可以代行主发起行的一些职能，有利于提高村镇银行组建效率，提升经营和服务水平，扩大村镇银行的覆盖面。但同时，这一制度的实行还存在一些障碍，例如，同为一家主发起行发起的村镇银行，从中选出作为管理行的村镇银行不是其他行的股东，如何行使投资管理权？又如，目前很多村镇银行仍处于爬坡阶段，加之当前经济下行的压力下，一些主发起行还自顾不暇，怎样组建投资管理行？可见，投资管理行制度还有待于探索。

（二）货币政策

1. 支农再贷款

“支农”、“支小”再贷款在一定程度上缓解了村镇银行的资金压力。在参与本次调研的村镇银行中，2015 年有 47 家村镇银行使用了支农再贷款，共 222272 万元，平均每家使用金额为 4729.19 万元。支农再贷款对村镇银行涉农贷款的发放起到了积极的促进作用，进一步缓解了当地农民和小微企业贷款难的问题。

但是，村镇银行普遍反映支农再贷款政策存在一些问题，不愿意使用支农再贷款。在参加本次调研的村镇银行中，2015 年平均每家使用的支农再贷款金额减少了约 600 万元。支农再贷款政策的主要问题包括以下几个方面：

一是支农再贷款期限上，实践中客户的资金周转周期很难与再贷款周期完全相符，在规定期限内完成全部资金的发放和回收存在一定困难，比如：监管要求支农再贷款必须一个月之内全部发放出去，而农户贷款小额、分散，很难在短时间内集中发放，为了满足要求，一些银行就先用自有资金垫上，把贷款及时发放出去；农户贷款的需求一般为1—2年，而使用支农再贷款归还为每年12月底，当支农再贷款到期归还时，实际贷款还没有到期，这时支农资金又转为村镇银行的自有资金，但是利率又不能提高。

二是村镇银行资产规模小，使用支农再贷款额度受到限制，办理手续较为烦琐，每年申请，效率较低。

三是部分村镇银行认为支农再贷款利率被限定得比较低，不得高于人行借款利率让3个百分点，且不得用于存放同业等，致使盈利水平相对较低。

四是村镇银行申请使用支农再贷款需要提供有效的抵押物或担保物，而村镇银行自身实力有限，无法提供有效的担保物；在有些地区可以由发起行提供担保，同时逐级报备，增加了发起行的负担。

五是有的村镇银行反映主发起行能够提供部分低成

本资金，且因经济下行，信贷需求不旺盛，导致资金相对充足，所以对支农再贷款的需求较小。

也有个别村镇银行的存贷比低于50%，或者不良贷款较多，不符合支农再贷款的要求，从而从未使用过支小再贷款。而有的村镇银行表示要坚持“支农”、“支小”的战略定位，利用支农再贷款扩大业务规模和覆盖范围，树立品牌形象，所以愿意多用和善用支农再贷款，支持“三农”发展。

2. 支小再贷款

与支农再贷款相比，村镇银行对支小再贷款的使用更少，主要原因是根据相关文件规定，使用支小再贷款必须有相应的抵押品，且抵押品被严格限定为国债、央票、政策性金融债、高等级公司信用债等证券资产，而村镇银行很少有此类抵押品，暂不符合申请支小再贷款的条件。因此，许多村镇银行及其主发起行希望降低支小再贷款的申请条件。

（三）财税政策

1. 财政奖补

从调研的情况看，根据现有的国家政策，财政部门对于符合条件的村镇银行按其当年平均贷款余额的2%给予补贴，对贷款平均余额同比增长超过15%的部分按2%的比例给予奖励，奖补资金由中央和地方财政按照规定的比例分担。财政奖补资金在一些地区能够及时足额到位，对村镇银行发展和“支农”、“支小”发挥了很好的激励作用，但同时也有一些地区存在不能及时足额到位的情况。此次调研中，85家村镇银行在2015年有财政奖补应该到位，其中实际到位金额约占应到金额的比例仅为44.66%。[①]

财政奖补资金不能及时足额到位的原因主要包括以下四个方面：一是由于村镇银行对政策的理解与当地财政局有出入，财政局在村镇银行申报的基础上，弃除一

---

① 到位的金额中有部分是2015年以前应该到位的，所以，2015年的实际到位金额占比应该更低一些。

部分不属于补贴范围内金额，使申请金额与实际到位金额不一致；二是增量补贴条件严格，一些村镇银行难以达到补贴条件或补贴金额；三是地方财政困难，存在地方财政奖补资金不能兑付、对中央财政奖补资金截留的问题；四是行政审批环节比较复杂，办理时间长。

在调研中，村镇银行普遍反映国家应该继续实施财政奖补政策，并加大奖补力度，主要理由包括：一是从服务对象来看，村镇银行成立的初衷是健全农村普惠金融体系，服务对象大多为农户及与农业相关的小微企业等弱势群体，且农业易受自然灾害及市场环境影响，有风险成本高、利润空间低、盈利能力弱的特点，且这一困难具有长期性，若缺失政策扶持，就难以降低持续对这些客户群体提供信贷支持的难度。二是村镇银行规模小，尤其在发展初期，财政奖补资金对于整体经营影响较大。有些村镇银行 2013—2015 年得到的财政奖补收入在营业收入中的占比达到 5%—13%。因此，财政奖补资金主要用于弥补经营成本，对调动村镇银行加大涉农贷款投放的积极性有较大影响。

2. 税收变化

国家实行“营改增”的税收制度改革之后，各地按照财税〔2016〕46号文件对村镇银行普遍执行简易计税方法，按照3%的征收率计算增值税，税负并未增加，甚至由于增值税税额为不含税收入乘以征收率计算，所以税负略有下降。例如，如果一家村镇银行有营业收入100万元，在计税前，要先做价税分离，然后计算增值税，这样，增值税等于97.09×3%，而原营业税计算公式为100×3%，所以“营改增”后税负是减少的。

但是“营改增”后将“自产、委托加工或者购进的货物无偿赠送其他单位或个人”视同销售，需要缴纳增值税，一些村镇银行为提升知名度，加大了宣传力度，购买的宣传品费用较高，可开具增值税专用发票的供应商较少，所以实际抵扣金额远小于应抵扣金额，他们希望对村镇银行统一按简易计税方法征收，避免“视同销售”遇到的困难。

（四）监管政策

1. 业务牌照

目前，关于村镇银行业务范围在政策上受到较多限制，例如不能开展票据、理财、投资、信用卡等业务，使村镇银行的盈利渠道单一，在与其他银行竞争中更是处于不利的地位。因此，许多村镇银行及其主发起行都希望放宽部分业务的准入条件，根据对村镇银行经营状况的监管评级，对整体发展情况较好的（如支农成效显著、风险控制能力强、推动农村金融产品和服务方式有特色的、规模大、资本充足率高、经营稳定、成长性好等）、主发起行能力较强以及地域条件合适的，有区别地放开与大银行等同的业务品种。

2. 经营地域

根据2007年《村镇银行管理暂行规定》，村镇银行的经营仅限于注册的县域范围内，这样，严重限制了村镇银行的业务扩展，抑制了运营良好的村镇银行扩大自身收益和“支农”、“支小”的应有效应。为了解决这一问题，2016年银监会在《关于做好2016年农村金融服务工作通知》、《2016年农村中小金融机构监管工作要点》分别提出在经济欠发达地区实行“一行多县”、“多县一行”的政策。这两种提法各有侧重，但都可以提高村镇银行的规模经济，服务更多农村客户。但是，这一政策至今尚未落实，许多村镇银行及其主发起行迫切期待政策尽快落地，在为村镇银行自身发展提供更大市场空间的同时，提升区域普惠金融服务水平。

3. 征信系统与支付结算

现在许多村镇银行不能直接接入人民银行的征信系统和银联支付清算系统，大大影响了村镇银行的用户体验，从而也影响了村镇银行的市场竞争力。

4. 监管标准

村镇银行作为新生机构，在人力、物力、财力等各方面与其他金融机构均有着天壤之别，而现行的各项监管过程中，均将村镇银行与其他金融机构用同一个标准进行监管，且动辄需要进行处罚，这让原本在夹缝中求生存的村镇银行面临更大的压力。因此，许多村镇银行希望监管部门对村镇银行实施差别化监管，在诸如公司治理（如放宽股东在村镇银行的贷款额度限制）、监管指标（如取消对村镇银行贷款增量管控）等方面能够对村镇银行适度放宽，为村镇银行的健康发展营造一个宽松的外部环境。

六　主要结论与政策建议

（一）主要结论

1. 总体上村镇银行的发展进入稳步发展和调整阶段，村镇银行之间的经营管理表现相差较大，喜忧互参，市场潜力仍然较大

第一，总体上看，村镇银行的机构宗旨、市场定位和经营策略与国家政策以及村镇银行所处的市场环境及其自身条件是相符的。

第二，大多数村镇银行的治理结构比较规范，且能够根据实际条件和需要灵活设置，基本符合法律规定村镇银行健康发展的需要。

第三，村镇银行人才缺乏，既难以吸引到也难以留住优秀人才。员工队伍整体素质与快速发展不相匹配。

第四，多数村镇银行较好地控制了风险，主要监管指标表现高于其他类商业银行，且部分村镇银行随着规模的扩大，规模经济逐渐显现，盈利能力也在不断提高。但整体上2015年以来村镇银行的盈利呈下滑趋势，村镇银行风险有所上升，形势不容乐观。

第五，部分村镇银行盈利水平下降甚至亏损的原因中，有的来自内部，有的来自外部。内部原因包括主发起行与股东之间的矛盾导致的高管队伍不稳定、偏离“支农”、“支小”发放较大额贷款导致的风险损失，等等。外部原因主要是经济下行压力下企业大面积出现谨慎经营、控制成本、放缓投资的趋势，贷款需求较往年出现紧缩，而部分长期存在弊病的企业，因往年整体形势有利而未显现的问题，随着经济环境的不利影响而逐步显现，还款能力下降，使村镇银行面临严峻的信贷资产质量挑战。

第六，尽管村镇银行发展形势不容乐观，但是，从整个银行业情况来看，村镇银行在资产规模占比很小的情况下，其存贷款余额增速快于银行类金融机构平均水平，尤其是贷款增速较快，其发展潜力仍然较大。

2. 村镇银行增加了县域金融服务的供给，促进了普惠金融建设，为小微企业和“三农”发展，为县域经济的发展起到了良好的促进作用，但是覆盖深度有待加深

村镇银行符合县域经济和“三农”发展需要，符合中国农村金融改革的目标，提高了金融服务的覆盖广度，尤其是增加了中西部农村地区的金融服务供给，为促进农村经济快速发展及城乡经济协调发展提供了有效的金融支撑，对改善农村金融服务水平，激活农村金融市场，促进地方农村金融良性竞争与合作等方面产生了积极作用。但是，村镇银行覆盖的客户主要是农户和小微企业中的所谓优质客户，覆盖深度有待加深。

3. 主发起行制度对村镇银行的发展发挥了重要作用，虽然仍存在一定程度的负面作用，但在当前的经济形势与村镇银行发展的条件下，利大于弊

第一，主发起行对村镇银行潜在的经营风险和社会风险起到了兜底作用，避免了村镇银行可能的经营波动带来的社会风险。

第二，主发起行利用自身优势，对村镇银行在风险管控、流动性救助、科技系统支撑、人才队伍建设等各方面进行全方位的服务和支持，形成集约化管理、专业化服务的模式，有利于村镇银行的稳健发展。

第三，主发起行成熟的专业管理人才和经验技术、品牌效应，可以帮助村镇银行在成立、成长阶段走得更加合规、更加稳健。

第四，主发起行与村镇银行的业务合作，扩展了村镇银行的业务品种和收入渠道，提高了村镇银行的盈利能力，增强了村镇银行的市场竞争力。

但是，主发起行对村镇银行的发展也存在负面的影响，主要是主发起行的直接介入和干预，影响了村镇银行独立的法人地位，有时造成主发起行与其他股东之间的矛盾，对村镇银行自身可持续发展能力的培育也可能产生负面影响。有些主发起行管理能力和管理意愿较弱，管理效率较低，没有起到上述积极作用。

4. 财税优惠政策对村镇银行的发展起到了积极的促进作用，但是个别地方财政补贴政策落实不到位

首先，村镇银行盈利渠道单一，缺乏规模经济，盈利水平不高，因而财政补贴对于村镇银行的收入显得更加重要，及时足额到位对村镇银行能够起到良好的激励和支持作用。但是，由于一些地方政府财政较为困难，对于中央财政拨付的补贴没有支付给村镇银行，不但没有发挥支持村镇银行发展的作用，而且挫伤了一些村镇银行致力于“三农、小微”金融服务的积极性。

其次，此轮增值税改革，没有增加甚至降低了村镇银行的税负水平，对村镇银行的发展是利好的。

5. “支农”、“支小”再贷款政策对补充村镇银行的资金和增加对“三农”和“小微”的金融服务有较好的促进作用，但是存在很大的制度改进空间

首先，“支农”、“支小”再贷款在一定程度上缓解了村镇银行的资金压力，降低了村镇银行贷款成本，为村镇银行涉农贷款的发放起到了积极的促进作用，进一步缓解了当地农民和小微企业贷款难的问题，达到了政策的预期目的。

其次，支农再贷款的期限与实际需要错配、办理手续烦琐、限定较低的利率水平和担保要求等增加了村镇银行的交易成本，限制了盈利能力，影响了村镇银行使用这一政策的积极性，在一定程度上降低了该项政策的利用面。

最后，支小再贷款的使用门槛较高，少有村镇银行能够满足要求。

6. 在村镇银行经过了快速发展，不同村镇银行之间运行状况分化较大的情况下，对于业务牌照、经营地域等方面的监管政策已不能适应村镇银行更好发展的需要，应该进行适当调整

在村镇银行发展初期，关于村镇银行的业务牌照、经营地域等方面的监管措施起到了较好的控制风险、促进村镇银行稳步发展的作用。但是，经过近 10 年的发展，这些政策对一些表现优秀的村镇银行的良性发展形成了巨大束缚。所以，应适时调整相关政策，为这些村镇银行打开快速发展的通道，同时，也对其他村镇银行起到良好的示范和引导作用。

（二）政策建议

1. 在坚持主发起行制度的同时，着力培育村镇银行的自主发展能力

主发起行应尊重村镇银行独立法人地位，以股东身份参与村镇银行公司治理，按照市场化原则处理好业务往来关系，这样才能更加处理好与其他股东之间的关系，稳定和提高村镇银行管理队伍及其能力，推动村镇银行健康发展。

2. 改进“支农”、“支小”再贷款的使用方式，鼓励村镇银行继续使用，增加对“三农”和小微企业的信贷服务，缓解农村地区贷款难、贷款贵的问题

第一，应该改革支农再贷款的拨付办法，可以考虑支农再贷款的申请与拨付的无缝对接，例如，第二期再贷款可以在第一期清偿之前申请、审批和拨付，把第一期再贷款的偿还情况作为能否得到第三期再贷款的影响因素。这样，可以使两期相连的贷款无缝对接，解决再贷款使用期限与实际需要错配的问题。

第二，可以适当提高支农再贷款利率的上浮空间，从目前3%的加点幅度提高到5%，提高村镇银行使用支农再贷款的积极性。

第三，改变支农再贷款的额度管理方式，由按资本金的比例改为按涉农贷款规模的比例进行限额。

第四，结合各地农业生产周期实际、现代农业发展特点，适当延长支农再贷款的期限，合理满足小企业和"三农"的资金需求。

第五，参照支农再贷款条件，适度简化支小再贷款的相关手续。

第六，对支农、支小再贷款放宽抵押品范围，可以用银行其他优质资产进行抵押。

3. 适当延长财政奖补政策期限，增加奖补范围，改进奖补方式方法

第一，应该延长财政奖补政策，作为一项长期的扶持政策。

第二，增加对扩展基础金融服务的补贴，例如，对在村庄设立分支机构、便民金融服务点或布设电子服务机具给予适当的一次性财政补助，彻底改变村镇银行不在“村”的尴尬境地，并加快村镇银行深入农村布局，扩大服务覆盖面。

第三，可以考虑改进财政奖补资金的拨付方法，例如中央财政转到省财政后，直接由省财政补贴到村镇银行，这样可以缩短审批流程，避免地方财政部门截留奖补资金，但是，这种方法不能排除省级财政部门的截留，而且村镇银行与省财政的沟通可能会更加困难和复杂。

第四，加强现有财税政策执行情况的监督，简化流程，督促各县财税补贴能够快速、及时、精准地下发至各村镇银行。

4. 延长鼓励对农户发放小额贷款的税收优惠政策，改进对逾期90天应收未收贷款利息的增值税计征方法，避免重复征税

首先，根据《关于延续并完善支持农村金融发展有关税收政策的通知》（财税〔2014〕102号）规定，金融机构农户小额贷款（10万元以下）的营业税和所得税优惠政策将于2016年12月31日结束。为了鼓励对农户的小额贷款服务，应继续延长这一政策。

其次，要制定衔接政策，避免对逾期 90 天应收未收贷款利息进行重复征税。增值税制改革后，根据《关于全面推开营业税改征增值税试点的通知》（财税〔2016〕36 号）附件 3《营业税改征增值税试点过渡政策》第四条规定“金融企业发放贷款后，自结息日起 90 天内发生的应收未收利息按现行规定缴纳增值税，自结息日起 90 天后发生的应收未收利息暂不缴纳增值税，待实际收到利息时按规定缴纳增值税”，银行对结息日起 90 天后发生的应收未收利息纳入表外核算，就表外应收未收利息的缴税核算上，营业税和增值税核算不同，如果无相关衔接政策，银行的表外应收未收利息就会出现重复缴税的情形，增加了企业负担，也不符合税法规定。

5. 对村镇银行进行分级差别监管，对运行良好的放宽业务品种和地域范围等限制

第一，对于支农和支小成效显著、评级优秀的村镇银行，可以适当放开业务限制，例如，对于设立分支机构 3 家以上、具备 3—5 年分支机构管理经验、监管评级3级及以上（或者达到审慎监管标准要求）的村镇银行，如果其信贷品种多样，并由发起村镇银行数量较多、具备托管能力的主发起行或全国性银行提供相应的科技系统托管，且内部管理基本规范，能对理财和票据业务的相关风险进行有效的管理与核算的村镇银行，可适当开展票据、理财、投资或信用卡等业务。同时，可采取规模控制与风险敞口控制进行限额管理。

第二，对于经营管理状况优秀的村镇银行尽快落实"一行多县"政策，允许其在同一地市范围内其他区县设分支机构，在为村镇银行自身发展提供更大市场空间的同时，提升区域普惠金融服务水平。

第三，稳步推进多种形式的投资管理行试点。投资管理行可以有多种方式实现，例如，通过运营良好的村镇银行并购其他行，或者主发起行将四项职能（经营管理、风险管理、投资管理、并表管理）的全部或部分授予某一村镇银行，等等。应鼓励主发起行及其村镇银行积极试点，探索有效的投资管理行模式。

第四，取消财政性资金不能在村镇银行开户存放的限制性政策，扩大村镇银行的资金来源。

第五，对村镇银行实施差别化的监管。村镇银行作为新生机构，在人力、物力、财力等各方面与其他金融机构均有着天壤之别，而现行的各项监管过程中，均将村镇银行与其他金融机构用同一个标准进行监管，这让原本在夹缝中求生存的村镇银行面临更大的压力。因此，应对村镇银行实施差别化监管，在诸如公司治理、监管指标等方面能够对村镇银行进行适度的放宽，为村镇银行的健康发展营造一个宽松的外部环境。

6. 加快存款保险、政策性农业保险等基础性农村金融制度建设，为包括村镇银行在内的农村金融机构发展创造良好的条件

首先，加快实施和推广存款保险制度，为作为公信力弱势的村镇银行提供政策支持，让客户放心到村镇银行办理存款业务。

其次，推动政策性农业保险加快发展步伐。政策性农业保险不仅能够促进农业的发展，而且能够分担信贷机构的风险，对促进农村金融服务具有重要意义。

7. 鼓励规范使用扶贫再贷款，为村镇银行在贫困地区的扶贫信贷增加资金来源，降低融资成本，助力精准扶贫

2015 年 11 月，中共中央国务院印发的《关于打赢脱贫攻坚战的决定》提出，要设立扶贫再贷款，实行比支农再贷款更优惠的利率，重点支持贫困地区发展特色产业和贫困人口就业创业。应该尽快制定实施细则，落实这一政策。村镇银行也应做好准备，积极利用这一政策，拓宽资金来源，降低资金成本，提高“支农”、“支小”的服务能力，助推精准扶贫。

8. 支持村镇银行大力发展数字普惠金融，提高其在农村及贫困地区的服务能力和盈利能力，从而推动农村、偏远地区及其人民共享现代金融服务和经济发展的利益

互联网技术的发展与应用为克服传统农村金融服务的各种困难，提供了诸多潜在的解决方案，成为未来农村金融发展的重要引导力量。2016 年 7 月 24 日 G20 财长和央行行长会议公报称，G20 通过了由普惠金融全球合作伙伴（GPFI）制定的八项数字普惠金融高级原则，并鼓励各国在制定更广泛的普惠金融计划时考虑这些原则。这些原则的核心是利用数字技术推动普惠金融发展。

中国的农村互联网金融方兴未艾，村镇银行应顺应技术变革的潮流，在主发起行的支持下，主动“上网”，积极探索基于互联网的金融服务产品和模式，提升服务能力和竞争力。同时，政府部门应该为村镇银行及其他农村金融机构在农村地区的数字化金融服务提供财税等方面的支持。

七　案例分析

（一）坚定“支农”、“支小”的“联合系”村镇银行

1.“联合系”村镇银行的业务开展情况

（1）“联合系”村镇银行的布局与管理。“联合系”村镇银行的发起行是杭州联合银行。截至2015年12月底，杭州联合银行主发起设立“联合系”村镇银行共13家，其中浙江省内9家，位于长兴、嘉善、乐清、常山、温岭、义乌、诸暨、柯桥、云和；省外4家，位于安徽霍山、霍邱、寿县和江苏邗江。13家村镇银行总股本20.4亿元，杭州联合银行投资总金额8.42亿元，股份占比除两家村镇银行以外均为40%

（邗江联合村镇银行为 51%、霍山联合村镇银行为 44.44%）。

在治理结构方面，“联合系”村镇银行基本建立了以股东大会、董事会、监事会和经营层为主体的公司治理架构，“三会一层”各司其职，相互制衡。股东大会是权力机构，董事会是决策机构，监事会是监督机构。初步实现决策、经营、监督三权分立，责、权、利明晰的治理架构。董事会一般设 5—7 名董事，分别由主发起行、本地企业、外地企业提名的董事组成。董事由股东大会选举产生。监事会一般设 3 名监事，分别由主发起行、企业及职工监事组成。职工监事由村镇银行职工大会选举产生，股东监事由股东大会选举产生。经营层：行长、副行长人选由主发起行委派或在当地招聘，行长由董事提名，董事会聘任；副行长由行长提名，董事会聘任。

总体来看，13 家联合系村镇银行经营呈现平稳、有序、健康的发展态势。至 2015 年末，13 家村镇银行资产总额 234.77 亿元，存款余额 179.28 亿元，贷款余额 201.84 亿元，五级不良率 1.74%，2015 年全年实现各项收入 19.20 亿元，净利润 3.84 亿元。

（2）“联合系”村镇银行业务发展的特点。第一，坚持支持“三农”与小微企业，下沉服务重心。各村镇银行始终坚持服务“三农”、服务中小的市场定位，锁定符合村镇银行特点的目标客户，通过错位竞争积极抢占市场。2015 年年末，13 家村镇银行发放的贷款中，涉农贷款占比 95.61%；个人贷款户均余额 30.03 万元，单位贷款户均余额 260.88 万元，100 万元以下贷款户数占比达到 93.96%，500 万元以下的贷款余额占比达到 88.69%，呈现出与其他商业银行差异化竞争的特点。

第二，推进微贷、村居化营销，加快业务转型。为更好地体现支持“三农”、做小做散的市场定位，实现差异化竞争，“联合系”村镇银行以微贷业务和村居化营销为抓手，做实客户基础，促进业务转型。一是加快微贷技术推广。从 2014 年年底开始，在主发起行的引导下，义乌先后与乐清、嘉善、诸暨开展微贷技术合作，使微贷技术在“联合系”村镇银行逐步得到推广。至 2015 年年底，4 家村镇银行共有微贷客户 3937 户，贷款余额 69439 万元，存款余额 60017 万元。二是深化村居化营销，加快业务转型。通过细化个人客户区域划分及服务半径管理，加强客户信息收集、片区开发、全员营销、多形式开展营销活动等，进一步增加与客户的黏合度，夯实客户基础，经过努力，2015年年末个人存款占比61.84%，比年初上升了2.48个百分点。

第三，加快金融创新，满足市场需求。首先是扎实推进惠农工程建设。各村镇银行通过送农业技术下乡、送医下乡、设立“普惠金融服务站”等活动，不断深化普惠金融内涵，特别是“仟禾福”惠农工程相继被多个媒体报道，树立了村镇银行金融惠农的良好形象。其次是顺应需求开展金融创新。各村镇银行在拓展业务过程中因地制宜开展产品创新和服务创新，相继推出了“石+3”、租赁贷、购机乐、“微贷通”、“项目经理贷”、“经营性物业贷款”、农村集体土地承包流转经营权抵押、农民住房财产权抵押和集体经济股份合作社股权质押贷款等信贷产品，较好地满足了客户需求和竞争需要。此外，长兴联合村镇银行还首创代理发行“社保卡”，并争取到十万张“社保卡”的发行量，成为全国首家办理“社保卡”的村镇银行。

专栏2 温岭联合村镇银行“仟禾福”惠农工程案例

“仟禾福”惠农工程为特色农业“量体裁衣”

在滨海葡萄种植行业内，王冬青是位远近闻名的“葡萄种植能手”。他能通过勘察葡萄叶判断葡萄树的生长情况，还经常被种植户邀请到全国各地给葡萄树“治病”，他种的葡萄颗粒饱满，大小匀称，比别人种植的要每亩多出好几百斤，“我盘算着筹点钱再承包点土地，新增些树苗，但商业银行贷款利息高，手续麻烦”。正当老王为钱犯愁时，欣闻温岭联合村镇银行支农贷款利率优惠，手续简便，决定向温岭联合村镇银行申请贷款，银行了解了老王的实际情况后，快速放款15万元，解决了他的燃眉之急。

支行针对葡萄种植的行业特点，在还款方式上，采用灵活分期，按季结息等还款方式，还可以随借随还，利率优惠。让村民享受到了简单、方便、快捷的金融服务，体会到了支行低门槛、简手续、高效率的贷款原则。温岭联合村镇银行滨海支行自筹建开始根据滨海当地实际情况，以深化社区金融服务为切入点，坚持服务“三农”、“支农”、“支小”的市场定位，加快村居化营销的步伐，坚持做精做细，做出特色。

第四，健全服务网络，拓宽结算渠道。银行在银监部门的大力支持下，积极增设机构、优化布局，2015年各村镇银行共增设支行13家，目前机构总数达到61家，服务网络进一步健全。积极改善支付结算环境，至2015年末13家村镇银行已全部开通网银业务、卡业务，3家村镇银行手机银行进入试点阶段，13家村镇银行共发行银行卡42万张，开通网银客户86800户。2015年还开通了3G无线移动终端业务、“一户通”业务以及村镇银行卡支付宝支付功能、京东支付功能，村镇银行正逐步建立覆盖广泛、线上线下、安全便捷的金融服务网络。

第五，人力资源建设逐步转型提升。村镇银行作为新型中小金融机构，在人员队伍建设上与其他金融机构相比，确实还存在较大的差距。但通过定岗定编、强化培训、建立后备干部梯队、强化考核、建立退出机制等形式，人力资源建设逐步得到转型提升。

第六，加大品牌宣传，提升社会形象。为提升公众认知度和信任度，村镇银行高度重视品牌宣传，一是充分利用各种载体宣传展现村镇银行服务县域、支农扶小的经营特色和金融产品；二是结合村居化营销，开展形式多样的宣传活动、联谊活动、公益活动，提高与公众的黏合度；三是不断提升服务规范和服务质量，通过打造标杆网点、开展优质服务竞赛等形式，提高服务质量，打造村镇银行优质高效的服务品牌。2015 年，“联合系”嘉善、乐清、常山、温岭、邗江 5 家村镇银行被评为“全国百强村镇银行”，并获得了“服务‘三农’与小微企业优秀村镇银行”荣誉奖项。

2. 温岭联合村镇银行基本经营情况

（1）温岭联合村镇银行成立背景与公司管理。浙江温岭联合村镇银行于 2011 年 12 月开业。开业时注册资本 2 亿元，主发起行杭州联合银行占股比例 40%，企业股东占股 60%。开业之初，该行确立了“立足温岭、服务‘三农’、服务中小企业”的市场定位，秉持“做小、做散、做精”的理念，积极履行服务农村经济的责任与义务，努力打造温岭联合村镇银行优质服务品牌。

在治理结构方面，该行按照股东大会、董事会、监事会、经营层即“三会一层”分工协作、相互制衡的法人治理架构，下设综合管理部、运营管理部、风险管理部、业务管理部、内审部、授信评审部、营业部等部门。目前，该行在职职工308人。其中，正式员工272人，合同工36人；大专以上学历306人，占员工总数的99.35%。

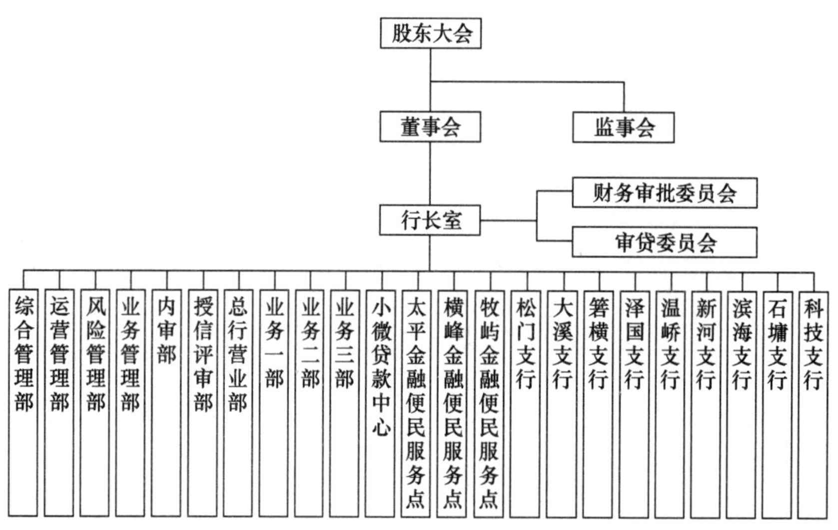

图20　温岭联合村镇银行公司组织架构

资料来源：温岭联合村镇银行。

（2）温岭联合村镇银行发展现状。在业务开展方面，截至2016年6月末，该行资产总额48.79亿元，负债总额44.26亿元。各项存款余额40.36亿元，较年初增加18742.72万元，增长4.87%；各项贷款余额42.64亿元，较年初增加23101.32万元，增长5.73%。其中，涉农贷款余额417840.71万元，占各项贷款余额的97.99%，户数为8823户，占全部贷款户数的96.95%；小微企业贷款余额262395.80万元，占各项贷款余额的61.54%，户数为4128户，占全部贷款户数的45.36%。

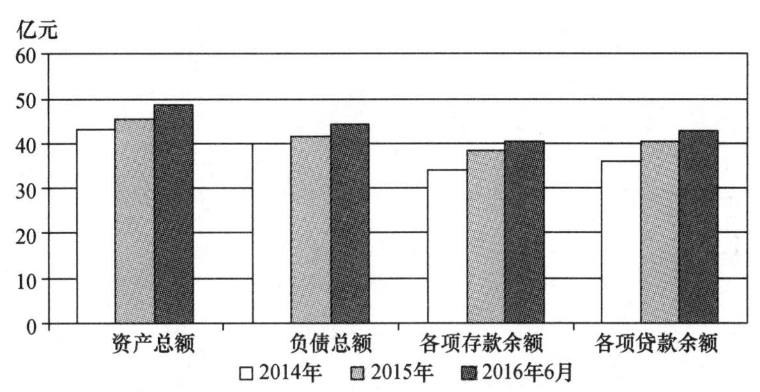

图21　2014—2016年温岭联合村镇银行业务开展情况

资料来源：温岭联合村镇银行。

在服务“三农”与小微企业方面，该行始终坚持“支农”、“支小”的发展定位，每年增设机构，支农再贷款规模不断扩大。通过创新服务模式，简化信贷操作流程，以“村居化营销模式”进行“批量授信，上门办理”，受到了农户的好评。每年的7—9月是台风高发季节，台风给温岭的农业生产、海涂养殖和其他种养殖业带来极大的破坏，台风过后，农民急需用于恢复农业生产的资金，该行加大对农户的投放力度，扩大客户群体。2015年末，温岭联合村镇银行农户和小企业贷款余额达39.23亿元，比2014年增长38629.59万元，占各项贷款余额的97.28%。

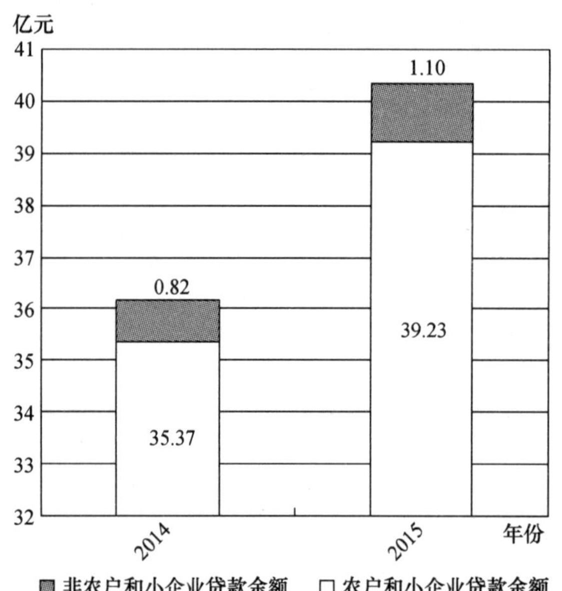

图22　2014—2015年温岭联合村镇银行服务“三农”与小微情况

资料来源：温岭联合村镇银行。

其中，各种担保方式结构表现为：质押贷款、保证贷款、信用贷款。其中，保证贷款最多，占比99.45%，利率6.77%；信用贷款最少，占比0.18%，利率10.33%；质押贷款占比0.37%，利率6.22%。

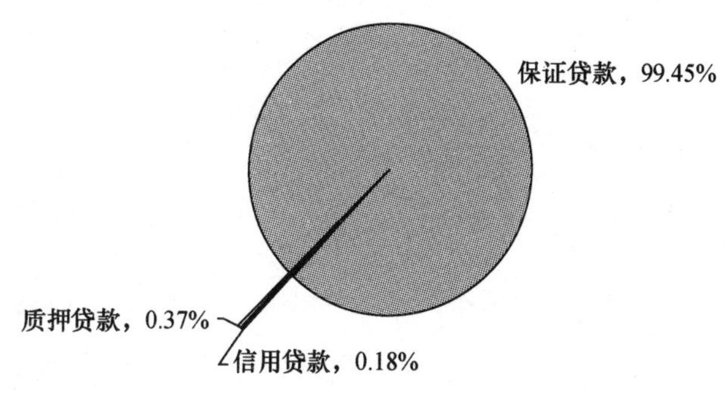

图23 温岭联合村镇银行贷款担保结构对比

资料来源：温岭联合村镇银行。

自2013年6月首次获得人民银行4000万元支农再贷款以来，该行多次获得人民银行支农再贷款支持，最高额度达8000万元。该行将支农再贷款合理分配给各分支机构，全方位开展对特色产业、特色项目的支持，包括箬横镇的生态农业、特色农家乐，松门镇的捕鱼业、水产加工，温峤镇的种、养殖业等，给予符合准入条件的农户利率优惠，切实做到“低门槛、高效率”为“三农”提供“简单、方便、快捷”的金融服务。

表 3　2013—2016 年温岭联合村镇银行支农再贷款金额

单位：万元

支农再贷款金额			
2016 年	2015 年	2014 年	2013 年
8000	7000	4000	5000

资料来源：温岭联合村镇银行。

截至 2016 年 6 月末，该行营业收入 1.98 亿元，利润总额 6728.80 万元，净利润 5016.26 万元；资产利润率 2.13%，资本利润率 23.07%，资本回报率达 50.16%，资本充足率 12.86%。温岭联合村镇银行先后被评为温岭市服务业重点企业、温岭市双百强党组织、温岭市纳税大户等，荣获“全国优秀村镇银行”和“全国十佳村镇银行”等荣誉称号。开业五年来，该行以“便捷、高效、优质”的服务占领市场份额，在支持当地经济发展的同时，实现了自身的快速发展。

表 4　2014—2015 年温岭联合村镇银行部分监管指标

监管指标类型	2014 年	2015 年
成本收入比率（%）	42.86	40.96
资本充足率（%）	12.42	12.45
不良率（%）	0.44	1.31
流动性比率（%）	82.61	105.43
贷款拨备率（%）	2.84	4.22
调整资产利润率（%）	2.03	2.25
资本利润率（%）	25.67	27.09

资料来源：温岭联合村镇银行。

“联合系”村镇银行呼吁，在政策上对村镇银行给予更多的支持，放宽部分业务的准入条件。目前，村镇银行在业务范围、财政政策等方面还存在较多的限制政策。例如：村镇银行不能发行理财产品、代销其他理财品。财政部门在财政性资金开户、财政贴息等政策都有明确的禁止要求。这些政策上的约束使村镇银行在与其他商业银行竞争中处于不利地位，经营更为艰难。希望监管部门在村镇银行代理理财产品、向村镇银行开放同业市场、降低支小再贷款条件等方面给予考虑。

3. 评析

（1）“联合系”村镇银行整体的特点。由杭州联合银行发起设立的13家村镇银行具有三个鲜明的特点：①市场定位清晰；②重视品牌塑造；③努力推动微贷技术应用。“联合系”村镇银行以满足小、微企业、“三农”的金融需求为市场开拓的目标，与大、中型商业银行错位经营，以特定区域为服务半径，创新金融产品，想方设法增加客户黏度，夯实客户基础，取得了较好的效果。2015年末个人存款占比已经超过了总存款额的61.84%，说明经过几年的努力，客户对村镇银行这个“新生事物”产生了信赖。

村镇银行诞生伊始就面临着“隐性担保缺失”的窘境，大、中型商业银行是有政府信誉背书的“天之骄子”，而村镇银行必须依靠自身的努力才能建立起信誉，从而获得发展。“联合系”村镇银行充分认识到了信誉是未来展业的基础，在塑造品牌、提升形象方面做了很多努力，通过多种宣传形式、积极参与公益活动、不断提高金融服务质量等，让村镇银行得到百姓的认可，这是难能可贵的展业基础。银行信誉的建立需要长期积累，村镇银行在经营过程中要严格按照业务规程办理各项业务，给客户树立诚实稳健的良好形象，坚持不懈的努力才能得到回报。

“联合系”村镇银行目前服务的客户以小、微企业为主，贷款风险控制的手段限于抵押、担保、保证等。村镇银行今后的发展方向是服务个体经营户、农户，甚至贫困人群，贷款的额度更小，信用放款的比例加大。这就要求村镇银行掌握微贷技术，培养信贷员队伍，“联合系”村镇银行意识到未来的发展方向，努力推广应用微贷技术，是具有战略眼光的举措。

（2）温岭村镇银行的独特经验。温岭联合村镇银行法人治理结构清晰，发展稳健，资产总额、存贷款业务水平均在全国处于领先地位，从总体水平上来看，资产质量良好，风险可控，可持续性较强。

该行在开业两年内就在当地打开了局面、迅速发展壮大，得益于错位竞争战略的成功推进。该行确立“做小、做散、做精”的服务理念，大力推动微贷业务发展，成功抓住一部分客户基础，在当地站稳脚跟。2015 年末，该行户均贷款为 49.8 万元（低于本报告的户均贷款平均水平 65.47 万元），比 2014 年降低 7.23

万元。可以清楚看到，该行业务继续向“做小、做散”转型，这种朝小额、分散贷款方向发展，具有经营稳健、风险可控的优点。2014 年度、2015 年度，该行资产总额与存贷款规模保持小幅增长，不良率低于平均水平，资产质量整体向好；资本充足率和流动性比率均显著高于平均值；农户和小微贷款规模持续扩大，占比超97%，该行服务“三农”、小微的市场定位非常准确。

市场基础、市场定位、核心技术、培养人才以及因地制宜的创造性都是微贷业务发展的秘诀。温岭联合村镇银行取得的成绩与地方经济环境和该行对差异化竞争策略的正确把握有密切关系。第一，推广微贷技术离不开市场发展的支持。温岭市所在的浙江台州地区是中国小微企业的发源地之一。台州市金融业在发展过程中积极探索小微金融改革创新，创出了特色鲜明、在全国有广泛影响的“台州模式”。小企业集群与具有活力的县域经济为微贷在当地的推广提供了良好的经济基础。第二，利率市场化背景下，微贷业务是中小型农村金融机构与大型银行、股份制银行开展错位竞争，形成自身特色经营的必然选择。该行确立了清晰的差异化竞争战略，从 2015 年经营数据可以看出，该项战略得到了切实的落实与推行。第三，“因地制宜”的业务推广是微贷技术与市场对接的重要因素。通过细化个人客户区域划分及服务半径管理等模式，业务转型的步伐进一步向下延伸。第四，优质人才是微贷的实践者，亦是微贷技术成功的关键所在。当地小微金融的蓬勃发展，为微贷技术的发展提供了人才基础。该行的人力资源质量较高，大专以上学历的员工占99%。

与大中型商业银行相比，村镇银行体量小、技术水平有限、盈利模式单一、抗风险能力相对较弱，该行地处县域经济发展较快的东南沿海地区，金融市场竞争激烈。该行在发展过程中积极探索、改革创新，抓住了当地经济与人才优势，借助发起行的支持，业务得到了迅速健康的发展。但是，该行贷款余额超过一半都是小、微企业贷款，风险控制的方式以保证为主，说明该行还没有掌握微贷技术，尚未进行信用贷款，单笔贷款额度无法降低。另外，2015年宏观经济形势严峻，不良率有所上升，希望该行继续坚持错位竞争战略，积累客户基础，进一步推进业务向下延伸和转型。

（二）运用科技手段创新金融服务模式的山东临朐聚丰村镇银行案例

1. 基本经营情况

（1）成立背景与公司管理。临朐县隶属山东省潍坊市，地处山东半岛中部，2015年临朐县地区国内生产总值（GDP）244亿元，人均国内生产总值28796元，居民人均可支配收入19701元，其中：城镇居民人均可支配收入27176元、农村居民人均可支配收入13606元。

山东临朐聚丰村镇银行股份有限公司成立于2012年12月25日。该行是山东临沂兰山农村商业银行作为主发起行联合13家企业在山东省临朐县设立的一家村镇银行，也是兰山农村商业银行发起的唯一一家村镇银行。该行开业时注册资本1亿元，目前注册资本2亿元，其中主发起行占股51%，企业股东占股43%，自然人股东（员工股）占股6%。

在治理结构方面，该行建立了股东大会、董事会、监事会、经营层即“三会一层”分工协作、相互制衡的法人治理架构，下设综合部、风险管理部、财务会计部、审计部、科技部、“三农”服务总部6个管理部门；董事会下设8个专门委员会。董事会由7名董事组成，其中由主要发起人提名担任的董事2名，由其他共同发起人提名担任的董事5名，董事每届任期3年，任期届满，可连选连任，董事候选人名单以提案的方式提请股东大会决议。监事会成员5名，其中由主要发起人提名担任的监事1名，由其他共同发起人提名担任的监事3名，职工监事1名，监事任期3年，可连选连任。行长1名，副行长2名，行长、副行长经银行业监督管理机构资格审查合格后由董事会聘任或解聘，每届任期3年，期满后可连聘连任。

目前，该行已建成营业5家支行（含营业部），开通10处远程银行网点、17处自助银行网点（其中离行式12处，驻行式5处），投入运行10台VTM、36台CRS及1台ATM共计47台自助银行设备，该行员工总数151人。

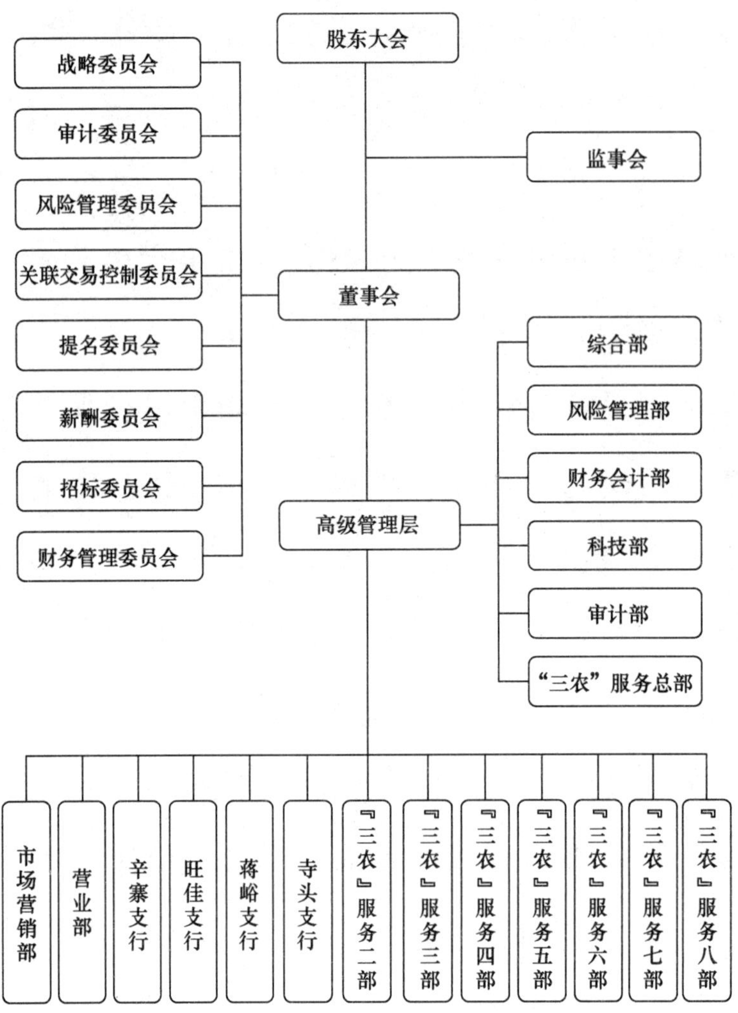

图 24 临朐聚丰村镇银行公司组织架构

资料来源：临朐聚丰村镇银行。

（2）发展现状。在业务开展方面，临朐聚丰村镇银行的主营业务包括：吸收公众存款；发放短期、中期和长期贷款；办理国内结算；办理票据承兑；从事同业拆借；从事借记卡业务。截至2015年末，该行累计办理储蓄卡（折）54951张，资产总额108444.4万元，比2014年增加32500.28万元；负债总额86513.26万元，比2014年增加31341.99万元；存款余额77789.15万元，比2014年增加30673.75万元；各项贷款余额63602.83万元，比2014年增加14466.19万元。

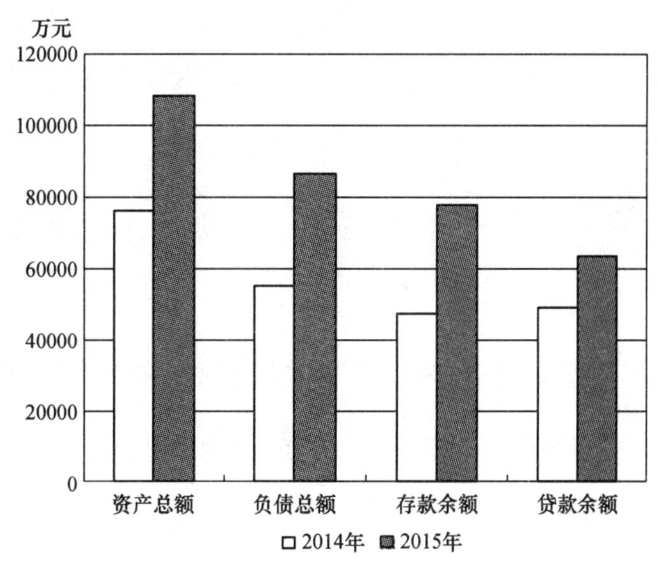

图25　2014—2015年临朐聚丰村镇银行业务经营情况

资料来源：临朐聚丰村镇银行。

表 5　2014—2015 年临朐聚丰村镇银行部分监管指标

监管指标类型	2014 年	2015 年
成本收入比率（%）	56.75	64.49
资本充足率（%）	41.8	32.39
不良率（%）	0	0.13
流动性比率（%）	84	75.87
贷款拨备率（%）	2.79	2.9
调整资产利润率（%）	1.16	1.26
资本利润率（%）	4.98	5.42

资料来源：临朐聚丰村镇银行。

在服务“三农”与“小微”企业方面，为了更好地满足客户需求，该行利用先进的技术，采取线上、线下相结合的方法不断拓展客户，增加服务渠道，使服务“三农”、“小微”的职能迈上了一个新台阶。截至 2015 年末，该行农户和小企业贷款余额 6.30 亿元，比 2014 年增长 15780.78 万元，农户和小企业贷款余额占各项贷款余额的 98.98%。

2. 特色发展经验

临朐聚丰村镇银行在运用 IT 与互联网技术方面具有独特的经验：

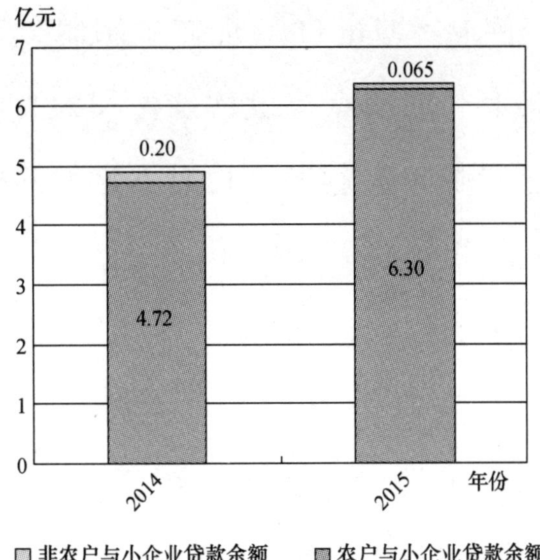

图 26　临朐聚丰村镇银行服务“三农”与“小微”情况

资料来源：临朐聚丰村镇银行。

（1）率先发行金融 IC 卡。该行是全国第一家自主发行金融 IC 卡（PBOC3.0 版本）的村镇银行，创造了自主发行金融 IC 卡效率最高和时间最短两项纪录，成为全国村镇银行之最。截至 2016 年 7 月底，共发行银行卡 45206 张，其中金融 IC 卡 34134 张，为打造“金融 IC 卡 + 行业应用”的大数据集成模式奠定了基础，该行现已成为全国村镇银行发行金融 IC 卡的引领者。

（2）“VTM + 自助银行”扩大金融服务覆盖面。为有效弥补持续上升的网点建设软硬件和人力成本，解决村镇银行网点和服务辐射半径相对不足的问题，该行率先引进远程视频柜员机（VTM），成为全国第一家上线运行远程银行的村镇银行，依托“1 + 1”（即一台 VTM + 一台 CRS）设立普惠金融服务点，在城乡接合部、人口密集的村镇等布局，业务辐射到周边各社区，在 13 个农村社区开通 27 处自助银行，共配备 10 台 VTM、36 台 CRS、1 台 ATM。遍布乡村的存取款一体机（CRS）和远程柜员机（VTM）的设立，实现了“自助银行”以每个社区服务中心为圆点，辐射周边村庄的金融服务无缝覆盖，打通了金融基础服务“最后一公里”。截至目前，通过 VTM 累计开卡 5922 户，综合签约 5652 户，手机银行签约 4974 户，网上银行大众版签约 4945 户，存款笔数 20572 笔，存款金额 8605 万元。

（3）“流动银行 + 移动银行”的差异化服务。为进一步贴近市场，更好地服务“三农”、“小微”企业，满足广大客户的差异化、多样化需求，该行针对不同客户群体，研究推出了各具特色的服务模式，采取主动上门的方式，将银行真正搬到田间地头和老百姓的桌前炕

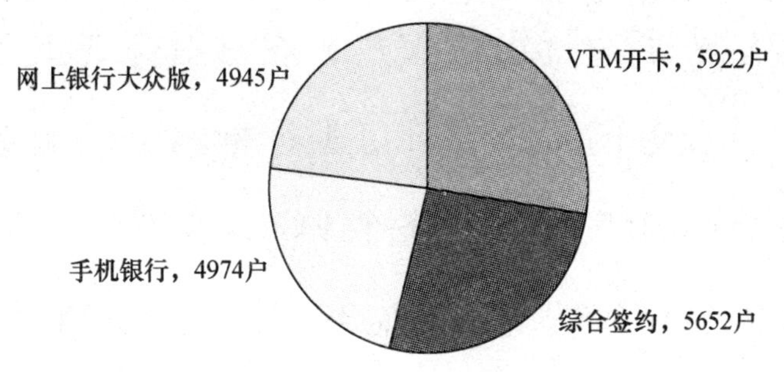

图 27　临朐聚丰村镇银行开户渠道分布情况

资料来源：临朐聚丰村镇银行。

头，拉近了银行与客户之间的距离。在山东省村镇银行中率先开通流动银行服务车，把银行“开”到集贸市场、乡村社区、田间地头，服务于商贩、农民工等群体，实现真正的上门服务，把银行开到了客户心里。自业务开展以来，服务车行程达 22000 余千米，办理各类业务 8500 余笔，其中办理开户 3619 户，存款 437 笔，总金额共计 1163 万元；取款 23 笔，总金额共计 237 万元；开通手机银行共计 1214 户。引入移动银行终端，将现有柜台所有非现金业务由网点柜台推进到社区农户的工作或生活地点，优化服务功能，简化操作流程，提高办理业务效率，为企业、集团客户、“三农”社区、边远山区农户和农村留守老人提供更加方便、快捷、高效的金融服务。使柜台业务的办理不再受银行网点的限制，切实解决了边远山区农户、农村留守老人等特殊个体办理银行业务的困难。现已累计推出上门服务300余次，覆盖社区255个，服务农户7.65万户，累计办理业务6200余笔，办理开户3082户，开通手机银行1644户。通过一系列卓有成效的举措，实现了基础金融服务的“村村通”，该行服务“三农”、服务“小微”的能力迈上了一个新台阶。

（4）线上线下支付融合模式。该行积极完善电子渠道建设，手机银行、网上银行顺利上线运行，分流营业网点的柜面压力，实现对偏远山区、集贸市场以及非营业时间金融服务的有效补充。截至目前，个人网银开户数24651户（其中个人网银大众版17868户，专业版6783户），企业网银开户数177户，手机银行开户数达19948户，2015年电子银行业务累计交易量61097笔，累计交易金额263506万元，笔均交易金额达到4.31万元，电子银行替代率已达91.27%。通过电子支付渠道的建设，全面打通移动支付、柜台等各渠道资源，形成了客户一点接入，银行线上、线下融合的全程响应一体化客户服务模式。该行积极顺应互联网金融发展趋势，加强与第三方支付机构的业务合作，开展以信息技术为载体的产品和服务创新，搭建“支付＋融资”的综合性电商平台，实现支付中介职能与融资中介职能的有机联动。2016 年 1 月支付宝业务顺利上线，累计签约户数 12183 户，累计交易笔数 29600 笔，交易金额 2679 万元。

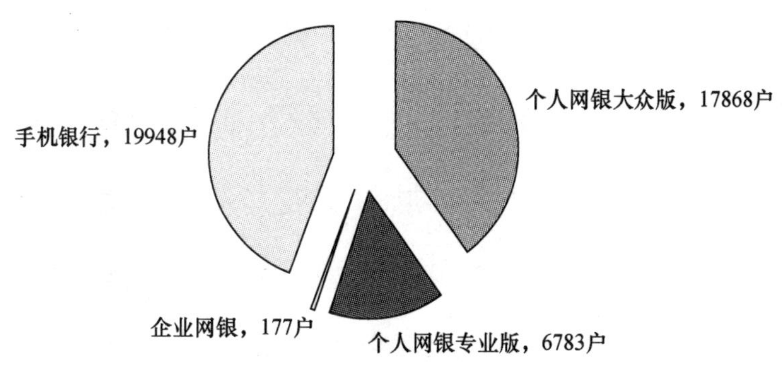

图 28 临朐聚丰村镇银行网银类账户分布情况

资料来源：临朐聚丰村镇银行。

（5）构建普惠金融支付服务网络。该行积极构建县、镇、村、户四级支付服务网络架构，为落实“金融服务进村入社区”工程，率先上线新型智能金融终端“汇农通”。主要布放在临朐县社区、中心村等普惠金融服务点，通过村镇联络员为社区居民提供贴身的金融服务。汇农通功能强大，可受理该行卡、他行卡取款、查询，该行卡消费实时到账，该行一本通存取款，定期存款提前部分支取；活期存折存取款，余额查询，行内转入，活期存折补登；受理所有银联标识银行卡取款等业务，相当于一台功能强大的移动 ATM。截至目前，该行已在全县范围内试运行布放 137 台汇农通，交易笔数 13173 笔，交易金额达到 6373 万元，笔均交易金额达到 0.48 万元。其中，活期存款 2063 笔，金额 1137 万元；取款 2744 笔，金额 823 万元；转账 4831 笔，金额 1932 万元；定期一本通存款 2114 笔，金额 1676 万元；定期一本通取款 926 笔，金额 490 万元。

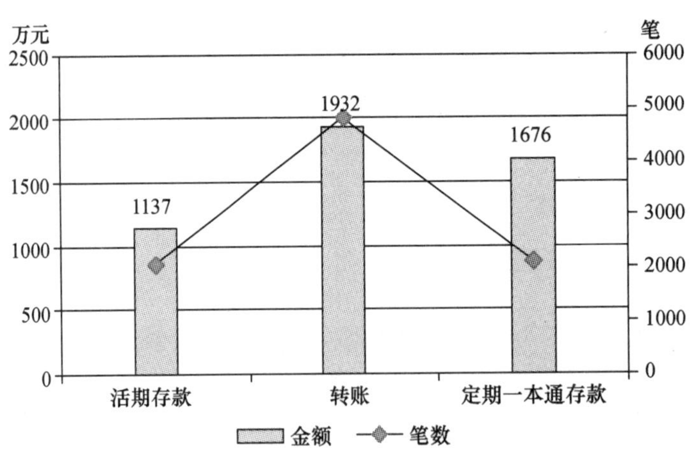

图 29 临朐聚丰村镇银行“汇农通”交易情况

资料来源：临朐聚丰村镇银行。

2015 年 7 月 9 日，该行加入财税库银系统（简称“TIPS”）并正式上线运行，是 2015 年全国唯一一家上线该系统的村镇银行，也是该省第一家上线的村镇银行，这标志着该行在推动业务发展和打造全功能银行方面又迈出了坚实的一步。截至目前，已办理三方签约委托代扣税款业务 68 户，其中国税签约 50 户、地税签约 18 户，累计交易笔数 775 笔，代扣税款交易金额 3466 万元。

该行针对目前缺乏的中间业务平台、客户关系维护管理、信用风险管理系统、事后监督系统、模拟利润绩效考核系统、利率定价系统、经济资本管理系统、财务与成本管理系统等，正在积极协调研发和分步配套实施过程中。

3. 评析

临朐聚丰村镇银行发展迅速，资产和存贷款增速均超过 30%，远高于全国平均水平，且资产质量较高，不良率远低于平均水平，业务经营处于稳定上升时期。

积极开发、引进先进技术，利用互联网金融的优势抢占市场，这对该行的业务拓展起到了至关重要的作用。该行领先自主发行金融 IC 卡，为客户管理奠定了数据基础；引进远程视频柜员机设备，以远程视频柜员机与存取款一体机相设立普惠金融服务点，布局村镇地区；完善渠道建设，用手机银行、网上银行分流营业网点的柜面压力，补充偏远山区、集贸市场以及非营业时间金融服务空白。该行的电子银行替代率已经达到 91.27%，在村镇银行中处于领先水平。

探索运用互联网技术创新农村金融服务，开通手机银行，形成“一站式”互联网金融服务。在移动银行服务方面，南非的 Wizzit、巴基斯坦的 Easypaisa 和柬埔寨的 Wing 等手机银行，已经可以提供客服、信贷、转账汇款、理财、生活、购物、支付等综合金融产品模块。村镇银行可以借鉴这些手机银行的国际经验，逐步实现以较低成本提供金融服务。随着智能手机的普及，尝试利用移动互联网技术与微信等社交平台构成的掌上银行，与移动运营商及增信机构合作，简化授信程序，开发相应的小额农贷产品。

该行布设“汇农通”实现了村镇银行与其他银行支付结算渠道的畅通，极大地方便了客户自助办理银行业务。该行利用自身互联网技术的优势积极开拓新业务，加入了财税库银系统；并且尝试开发各类业务系统、平台，提高管理效率，在村镇银行中表现突出。

村镇银行所在地区的金融生态环境欠佳，基础设施缺乏、信息不对称为信贷业务的发展带来成本与风险上的双重挑战。互联网金融与金融新科技的出现在一定程度上可以打破县域金融抑制。它们具有便捷、高效、创新的特点，以极低的交易成本，广泛的客户服务半径以及借助大数据降低风险等优势极大地塑造了金融行业的新局面，在很大程度上弥补了传统金融行业的缺陷。但是，我们也看到，建设互联网金融科技基础设施方面的成本投入是巨大的，2015 年该行成本收入比达 64.49%，比 2014 增长了 7.74%，且高于全国平均水平。

临朐聚丰村镇银行以 IT 与互联网技术为推动力，从总体上有效提升了金融服务水平，在农村地区发展布局，为村镇银行下沉服务、真正做到可持续发展奠定了基础。值得注意的是，2015 年，随着经济进入下行期，该行的不良资产也较上年有所上升；资本充足率、流动性比率虽维持平均水平，但较 2014 年下滑。在完成初步布局后，控制运营成本与提高盈利能力将是该行面临的下一个挑战。

（三）战略定位清晰是盘锦大洼恒丰村镇银行稳步发展的基石

1. 基本经营情况概述

（1）成立背景与公司管理。盘锦大洼恒丰村镇银行位于辽宁省盘锦市大洼区，大洼区处在辽宁省西南部，面积1387平方千米，下辖15个镇，户籍人口35万，常住人口43万。2015年全区生产总值230亿元，公共财政收入10.7亿元，城镇居民人均可支配收入31400元，农村居民人均可支配收入14180元。大洼区是中国四大农业垦区之一，拥有最密集的国有农场群。工业产业有石油化工、造纸、酿造、建材、食品、饲料、医药等门类。

盘锦大洼恒丰村镇银行于2010年8月开业，主发起行为盘锦市商业银行，发起设立的总股本5000万元，其中自然人股3500万元，占股份总额的70%；企业法人股1500万股，占股份总额的30%；股东总数为9

户，其中企业法人股2户，自然人股7户。盘锦市商业银行作为主发起行持股比例为20%，其他自然人股东及企业法人股东持股比例均为10%。

在治理结构方面，该行构建了完善的“三会一层”（股东大会、董事会、监事会、银行经营高管层）公司治理架构，形成了股东大会、董事会、监事会及高级管理层相互分离、相互制衡的组织体系。董事会下设资本管理委员会、风险管理委员会、审计委员会、关联交易控制委员会、提名与薪酬考核委员会、“三农”和“小微”企业金融服务委员会。该行按《章程》规定，制定了股东大会、董事会、监事会的议事规则。职责清晰，规范完备的议事规则为该行的公司治理和业务运行提供了基本的指引，使该行各层级在自己的职责权限范围内各司其职，各负其责，确保了稳定运营。该行目前拥有一个总行营业部和四个支行，现有员工总数81人，设运营管理部等五部一室。

盘锦市商业银行作为主发起行，充分尊重村镇银行的独立法人地位，维护村镇银行的经营自主权，发起行通过股东会、党组织行使职责，指导该行提高风险管控能力、科学稳健发展。该行每年按时召开股东大会和董

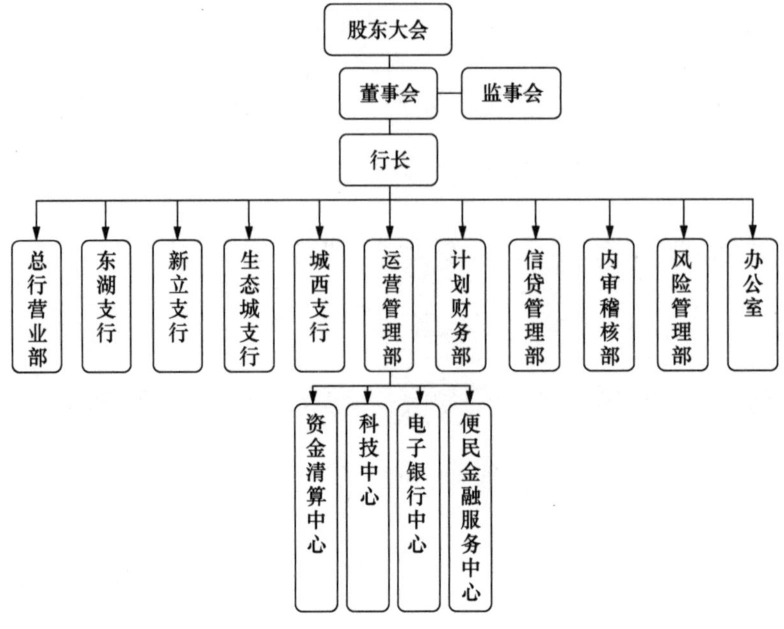

图 30　大洼恒丰村镇银行公司组织架构

资料来源：大洼恒丰村镇银行。

事会，对发展战略规划、利润分配方案、薪酬分配等方案进行研究。发起行、其他股东对维护该行独立法人银行地位的认识一致，该行在人事、业务经营方面具有完全的自主权。

此外，盘锦市商业银行制定的《恒丰村镇银行薪酬管理办法》、《恒丰村镇银行绩效考核方案》中，明确行长、支行行长和客户经理的资产和负债业务拓展重点是小客户，考核“支农”、“支小”工作的额度、广度、户均等指标，对“支农”、“支小”工作进行强力引导。

（2）发展现状。为充分发挥村镇银行在农村金融体系中“拾遗补阙”的作用，成为给无法得到金融服务的群体提供服务的新型农村金融机构。大洼恒丰村镇银行确立了打造基础扎实、信用良好、支持农户和小微企业方面有特色的“微小客户之家”的立行之本。

在业务开展方面，截至2016年6月，该行资产总额28.3亿元，各项存款总额24.2亿元，各项贷款9.7亿元，拥有对公、对私各类存款账户6.2万户，代缴燃气费、取暖费、水费等中间业务客户7.9万户。

表6　2014—2015年大洼恒丰村镇银行部分监管指标

监管指标类型	2014年	2015年
成本收入比率（%）	32.00	43.71
资本充足率（%）	14.67	13.42
不良率（%）	0.04	0.26
流动性比率（%）	86.83	76.98
贷款拨备率（%）	2.72	2.80
调整资产利润率（%）	1.59	1.28
资本利润率（%）	20.41	18.38

资料来源：大洼恒丰村镇银行。

在服务“三农”与“小微”企业方面，该行根据《恒丰村镇银行市场营销方案》，向小客户进军，向农村市场要市场。经营不贪大，不贪图短期效应，努力实现与大银行的错位竞争。截至目前，该行累计向9656户农户和小微企业投放贷款46.9亿元，其中“妇女创业贷款”和“下岗失业贷款”县域占比达到70%以上，践行了金融支持“三农”，支持弱势群体的社会责任。

2. 特色发展经验

（1）多渠道、全方位的金融服务模式。作为东北地区首家村镇银行，该行加入了兴业银行“银银平台”网络，成为上海城商行清算中心会员行，发行了金融IC卡，开通了自助缴费机自助缴费业务，构建了柜面、网上银行、自助银行、手机银行、微信银行、“流动银行”+“移动银行”等多渠道、全方位的金融服务模式。

围绕着打造本地区具有一定知名度和影响力的“社区银行”的战略目标，该行在城镇居民中开拓中间业务，实施“以中间业务带动资产和负债业务”的经营策略。截至2015年末，作为东北地区首家自主发行芯片和磁条复合一体卡的村镇银行，共发行芦花借记卡、芦花 VIP 卡 27869 张，安装 CRS、ATM 和便民自助缴费机具 28 台，开发有效 POS 商户 109 户，网上银行交易笔数 30000 多笔，以柜面、自助缴费机和网上银行等渠道为大洼区全县 60000 户居民提供便民缴燃气费、取暖费等中间业务，使大洼区城内 80% 以上的居民住宅小区用户需要依托该行办理燃气费和取暖费缴费。2015 年，该行累计通过自助缴费机具办理代收居民燃气费业务 56304 笔，代收款额达到 2247 万元。

在为居民提供代收燃气费的同时，该行又顺利开通居民取暖费自助缴费业务。该行将燃气费、取暖费自助缴费机具布设到了富田花园、林海景天等住宅小区的大门口和亿居热力、圣宏热力公司的收费大厅内，使社区居民在小区大门口就能实现燃气费和取暖费的自助缴费。从 2015 年 8 月到 12 月，该行共为大洼地区圣宏热力、亿居热力等供暖公司旗下的 160 多个居民住宅小区，近 30000 户居民提供代收取暖费业务，通过自助缴费、柜面缴费等方式，累计完成业务笔数 21989 笔，代收费额达到 5600 多万元，高峰时期日均接待客户 800 多户。

通过中间业务的开办，确立了“社区银行”的市场定位，大洼区内的60000户居民成为该行稳定的中间业务客户，越来越多的中间业务客户通过缴费，与该行有了亲密接触，并开始办理存款和信贷业务。该行“以中间业务带动资产和负债业务”的经营战略得到实践的同时，也很好地向社会宣传和推介了村镇银行，提升了该行人气指数，有效促进了各项业务的开展。

该行与银联商务、通联商务合作，稳步推进POS机具的市场营销工作。开展了“恒丰村镇银行走进千家万户”活动，制定专门的《POS机具营销工作绩效考核办法》，全行上下主动走进周边商户，积极捕捉商户信息，为客户开通网上银行业务、短信提醒业务等。通过POS机具的营销工作，扩大了业务宣传半径，使更多的客户体验到了该行优质、便捷的金融服务。截至2015年末，累计布设POS机具109台，初步形成了POS安装、网银服务和柜面服务一体化的存款工作新格局。

2015年，该行以“科技兴行”为战略方针，以先进的业务系统为依托，不断创新金融服务，相继实现了手机银行、微信银行、移动银行业务成功上线，增加了金融服务渠道，为客户提供增值服务的能力显著提升。为了让更多的客户了解并享受到便捷、高效的金融服务，2016 年开展了手机银行、微信银行等一系列营销活动。截至 6 月 30 日，新开立手机银行和微信银行客户 1730 户。

（2）“支农”、“支小”、开拓创新。该行信贷业务严格按照“小额、分散”的工作原则进行，坚持以农户、涉农小企业、农民专业合作社等当地农村客户为信贷支持重点，支持盘锦地区大米、河蟹、淡水鱼养殖以及北窑葡萄、唐家碱地柿子等特色农业项目；对苇农、蟹农、下岗失业人员和妇女创业人员等人群进行生产和创业给予信贷支持。该行开发了“苇海宝”、“富农贷”、“助企贷”、“妇女创业贷款”和“下岗失业贷款”等系列“支农”、“支小”信贷产品，这些信贷产品有地域特色、运行安全且手续简、利率低，其中“苇海宝”特色信贷产品贷款金额 5000—50000 元不等，目前已累计向 2856 户苇农和蟹农投放贷款 15785 万元，没有发生一笔逾期贷款，成为该行运行较为成功的、具有明显地域特色的信贷产品。

专栏3 大洼恒丰村镇银行“苇海宝”助农案例

“苇海宝”帮农致富

盘锦市赵圈河镇村民马洪伍，家庭祖辈居住在盘锦苇塘中，靠种田、打鱼为生，几年来，孩子上学、赡养老人等生活重负让马洪伍负债累累，每年靠借钱度日。几年来，看着周边农户从盘锦大洼恒丰村镇银行借到“苇海宝”低息贷款后都走上了致富的道路，他下定决心，于2015年向该行申请了5万元贷款，承包了苇塘750亩，用于养殖河蟹和淡水鱼，一年的时间辛勤劳作，老马的收入达到20多万元。村镇银行的贷款支持他走上了创业致富的道路。

该行高度关注信贷风险的防范，确保信贷投向始终不偏离支农、支小的市场定位，履行村镇银行“贷农、贷小、贷微”的办行方向，严格按照“总量做大、户均做小”的工作要求开展信贷业务，贷款坚决不垒大户，坚持了金融支持“三农”的大方向，符合国家批设村镇银行的战略初衷。

（3）“便民、惠民”的农户银行，创新农村金融服务。该行坚持立足县域、深入乡镇、扎根村屯，向下延伸金融服务，扩大服务覆盖面。

第一，流动银行进乡村，为农民提供“零距离”、心贴心的金融服务。该行配备了“金融下乡服务车”和“移动开卡终端”，到农民家门口为农户提供银行卡开卡、手机银行、微信银行的开户、查询、金融知识宣传等基本金融业务，将金融服务直接送到农户家门口。

第二，自助缴费进农村。几年来，该行累计通过自助缴费机具办理代收居民燃气费业务70000多笔，燃气自助缴费功能从智能燃气表扩大到机械燃气表，从大洼区内100多个居民住宅小区向县内200多个村屯逐步延伸。伴随着盘锦市“燃气进农村工程”的脚步，该行自助缴费机具将逐步覆盖农村市场，居民使用该行银行卡，在村委会、超市、澡堂等处便可实现自助缴费，使“恒丰村镇银行更加便民、惠民”这一认识深入人心。

第三，银行卡助农取款点进乡村，打通普惠金融的“最后一公里”。从2015年开始，该行加快构建便民金融服务站的建设步伐，目前已经在大洼地区创建了17家便民金融服务站，安装了“农金通”银行卡助农取款终端。该业务以芦花借记卡为载体，以便民服务点为依托，以电子渠道为平台，以“流动银行”和“移动银行”为手段，为持卡农民提供开卡、查询、取款、存款、转账、消费、缴费等金融服务。“农金通”业务的开通，在盘锦大洼区实现了该行与农户之间的“零距离”金融服务，让老百姓切身感受到了“足不出户可缴费，身不出村存取款”的便捷金融服务，成为该省首家开办此业务的村镇银行。

第四，推进信用村镇建设，实现信用体系建设和信贷资金安全的良性互动。该行采取“信用村建设 + 惠农信贷进村入户”的方式，逐步推进和完善“信用村镇”建设，培育了西安镇小亮沟村、大洼镇石庙子村、唐家镇北窑村为代表的 11 个信用村。采取集中授匾、发放《信用手册》、村委会信用推荐、失信公告等各种方式，强化和提升农户对信贷资金的按时还本还息意识。几年来，单户投放信贷资金 3 万元到 100 万元不等，累计在信用村、屯扶持了 1317 户农户进行生产和创业，这些贷款客户按时还本还息率达到 98.6%，开创了社会诚信体系建设、弱势群体创业和维护信贷资金安全的多方共赢新局面。

3. 评析

大洼恒丰村镇银行是一家在人事、业务经营方面具有完全自主权的村镇银行。该行的主发起行盘锦市商业银行尊重村镇银行独立法人地位，以股东身份参与村镇银行公司治理，按照市场化原则处理好业务往来关系，这有利于稳定和提高村镇银行管理队伍及其能力，平衡公司股东之间的关系，是未来推动村镇银行健康发展的方向所在。

经过几年发展，盘锦大洼恒丰村镇银行的资产总额已经处于全国领先水平，且不良率显著低于平均值，贷款质量较高。从发展轨迹上来看，该行已经度过了初期发展阶段，资产增长与业务的扩张速度趋于稳健，维持较强的竞争力与发展潜力。

该行瞄准城镇居民客户群，以中间业务为突破口，带动资产和负债业务发展。该行将金融服务深入社区，为居民办理缴费业务，目前已将办理燃气等缴费业务拓展至当地 80% 的居民区，中间业务客户达到 7.9 万户，不仅给银行带来收入，更重要的是与客户建立了紧密、长期的关系，通过为客户提供不可或缺的金融服务，打下了相当数量的客户基础。

该行以“科技兴行”为战略方针，引进业务系统为依托，相继实现了手机银行、微信银行、移动银行业务成功上线，增加了金融服务渠道；与银联商务、通联商务合作，稳步推进 POS 机具的市场营销工作，积极拓展 POS 机使用商户。2015 年度该行的成本收入比增长 11.71%，可见该行在引进业务系统、完善金融服务渠道与发展中间业务等方面加大了投入力度。

该行将打造“社区银行”作为战略目标，市场定位清晰。所谓“社区银行”是指资产规模较小，主要为经营区域内微小客户提供金融服务的区域性小型商业银行。社区银行扎根社区，对当地的经济、产业、资金、企业、人力资源等状况非常熟悉，它的竞争力在于对区域内微小客户的信息准确、全面的把握，相对于大银行来说，它的信息不对称程度低，风险控制能力强，有比较安全的盈利空间。从社区银行最为成熟的美国来看，社区银行的资金来源主要是当地储蓄，这些资金稳定而且廉价，是社区银行的核心存款。目前，该行已经具备了成为社区银行的基础，未来进一步深耕小、微企业和社区居民、农户等客户资源，建立客户资料数据库，发挥银行经营灵活的优势，匹配微型客户经营机制灵活、资金周转速度快的特点，为客户提供贴身周到的金融服务，紧紧抓住信息优势，有望打造出具有竞争力和生命力的社区银行。

大洼地区是中国四大农业垦区之一，拥有最密集的国有农场群。该行可借鉴新疆村镇银行发展战略，与当地国有农场群开展合作。在新疆，有的村镇银行充分利用兵团经济体制开展信贷业务，与团场和连队密切合作，兵团为银行提供信息，银行给团场的企业、个体户、农户发放贷款。兵团与村镇银行之间相互依存、共同发展的宝贵经验值得借鉴。建议该行加强与地方机构合作，拓展客户群；结合当地经济特点，开发金融产品，进一步下沉业务，与地方经济有机结合，为当地农业产业、农村经济发展和农民生活需要提供金融产品和金融服务。

（四）创新服务与产品、践行金融普惠的黑龙江依安润生村镇银行案例

1. 基本经营情况概述

（1）成立背景与公司管理。依安县隶属黑龙江省齐齐哈尔市，位于小兴安岭西南麓，松嫩平原北缘，拥有“全国商品粮基地县”、“中国紫花油豆角之乡”、“中国白鹅之乡”等美誉。全县人口 50 万，城镇人口 10 万，农村人口 40 万。截至 2015 年末，城镇人口可支配收入 1.85 万元，农村人口可支配收入 0.95 万元。

依安润生村镇银行于 2009 年 7 月正式挂牌营业，是齐齐哈尔市首家成立的村镇银行。依安润生村镇银行原股本金为 1000 万元，2010 年 10 月 25 日增资扩股后，股本金增至 5000 万元，其中：发起行龙江银行出资 2550 万元，占注册资本的 51%；黑龙江省大正投资集团有限责任公司、齐齐哈尔市齐康经贸有限责任公司、齐齐哈尔王子餐饮有限责任公司、齐齐哈尔瑞盛食品制造有限公司、齐齐哈尔市齐融担保有限责任公司、

依安投资发展有限公司六家非金融机构企业法人共出资1800万元，占注册资金的36%；42位自然人共出资650万元，占注册资本的13%。

在治理结构方面，该行设立了股东大会、董事会、监事会及行长经营层的公司组织架构，董事长1人，董事4人，其中龙江银行派出董事2人，股东董事2人；监事长1人（龙江银行派出），股东监事2人；行长1名，副行长2名，实行行长负责制，领导班子负责日常经营管理。设立三个专门委员，分别为风险管理委员会、财务管理委员会和信贷审查委员会。该行2016年初实行两级管理体制，全行总人数达到60人。总行机关设立运营管理部、公司业务部、个人业务部、风险管理部、资金财务部和办公室六个独立职能部门，总行营业部、依龙支行、泰安支行和华辰支行四个营业网点，华辰支行作为总行营业部的二级支行进行管理。

（2）发展现状。在业务开展方面，自营业起，该行就树立了“做百姓的银行、地方的银行”的服务理念，坚持“立足三农、服务小微”的市场定位；运用独立法人优势，充分发挥“小、灵、快”经营特色；强

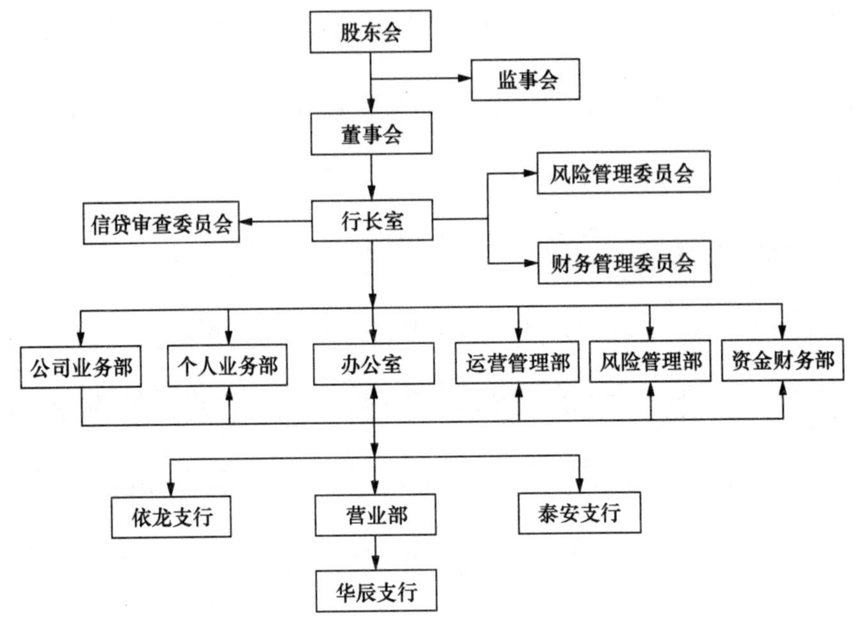

图31 依安润生村镇银行公司组织架构

资料来源：依安润生村镇银行。

化“风险防范优先、注重经济效益、持续协调发展”意识；秉承村镇银行设立宗旨，不断创新丰富金融产品，增强合规经营意识，加大“三农”信贷投放力度。

截至2015年末，资产总额46298万元，负债总额39631万元，所有者权益6667万元，贷款余额24432万元，吸收各类存款34160万元，当年实现净利润317万元。

表 7　　2014—2015 年依安润生村镇银行部分监管指标

监管指标类型	2014 年	2015 年
成本收入比率（%）	51.19	57.12
资本充足率（%）	27.83	27.88
不良率（%）	0.56	0.53
流动性比率（%）	79.69	63.54
贷款拨备率（%）	2.59	2.71
调整资产利润率（%）	2.21	0.69
资本利润率（%）	13.73	4.69

资料来源：依安润生村镇银行。

在服务“三农”与“小微”企业方面，该行以依安县农业产业为重点，城乡联动、以城带乡、合作共赢，同时，坚持社区银行、延时服务和自助银行的自身服务定位，自身发展不求做大，但求做精、做细、做真正为“三农”提供全方位金融服务的村镇银行。截至 2015 年末，该行累计发放“小微”企业贷款 170 笔，金额达 41561 万元，累计回收 145 笔，金额 33364 万元，现小、微企业贷款余额 8197 万元。

2. 特色发展经验

（1）以优质服务带动业务增长。该行是全县首家开展“延时服务”的银行，结合依安县实际情况，夏季营业时间延时到18:00，冬季延时到17:30。县内其他金融机构晚上四点左右均停办业务，该行延时开展服务以来，为急需办理业务的客户提供了方便。多年坚持得到了百姓的高度认可，近三年综合柜员业务量逐年大幅增长。2009—2013年日均业务量70笔，2014年日均业务量增加至180笔，2015年日均业务量增加到280笔，在龙江银行全部支行中达到中游水平。

开办24小时自助银行服务。该行是县内第一家设立24小时自助银行服务的机构，现总行营业部设有两台自助设备，依龙支行、泰安支行、华辰支行各有一台自助设备，可以保证在非营业时间客户日常存取款需求，自助设备平均每天实现现金流30万元，平均每天办理业务80余笔。

该行发放的“福农卡”、“润生卡”、“村镇银行芯片卡”等，自发卡之日即免工本费、免年费、免异地跨行ATM取现手续费、免ATM跨行转账手续费，凭借这些服务优势，发卡量逐渐扩大，银行卡内存款余额不断上升。自2011年开始代发银行卡至2015年末，该行共累计发放银行卡14449张，卡内余额6240万元。

用优质服务吸引对公客户。从开业至今，该行员工始终坚持优质服务，在服务对公企业时，利用电话通知对账时间、开户不收取手续费、无小额账户管理费、上门收款等优惠政策吸引对公客户，服务得到了对公客户的高度认可。该行办理的财政集中支付业务、网银代发工资业务、大小额支付系统业务也为对公客户提供了方便。该行的工作得到了县政府的大力支持，将财政零余额、公务卡等业务都放到该行，使该行对公存款稳步上升。截至 2015 年末，该行对公账户共计 522 户，其中基本户 403 户、一般户 40 户、临时户 34 户、专用户 45 户（其中财政零余额账户 31 户）。

增加代收业务。该行是全县首家“代收移动话费服务”的金融机构，2014 年 5 月 25 日正式接入移动话费自助缴费机，该缴费机为银联卡缴费机，不收任何手续费。24 小时自助服务终端与该行 24 小时自助银行共同为居民提供全面的金融服务，便捷的中间业务，为构建社区银行增添了一抹亮色。

积极开展上门收款业务。该行 2013 年成立客户维护中心以来，客户维护工作日趋成熟。尤其 2014—2015 年与县内各单位互动频繁，为县财政棚户区改造、县教育系统、大型商家提供了优质的代收款服务。实施客户回馈活动五次，2015 年提供代收服务达 40 个工作日，总计参与人数达 300 人次。为县棚户区改造、实验中学收款、华辰商场收款提供了保质保量的上门服务。不仅赢得了良好社会效益，同时增加了对公存款。

代办 POS 机业务，完善服务功能。为满足客户需求，扩展服务半径，该行增添了 POS 机安装服务。POS 机的安装使县域内的结算业务更上一层楼，POS 机的布放同时带动了该行对公存款和银行卡的使用。截至 2015 年末，该行共安装 POS 机 27 台。

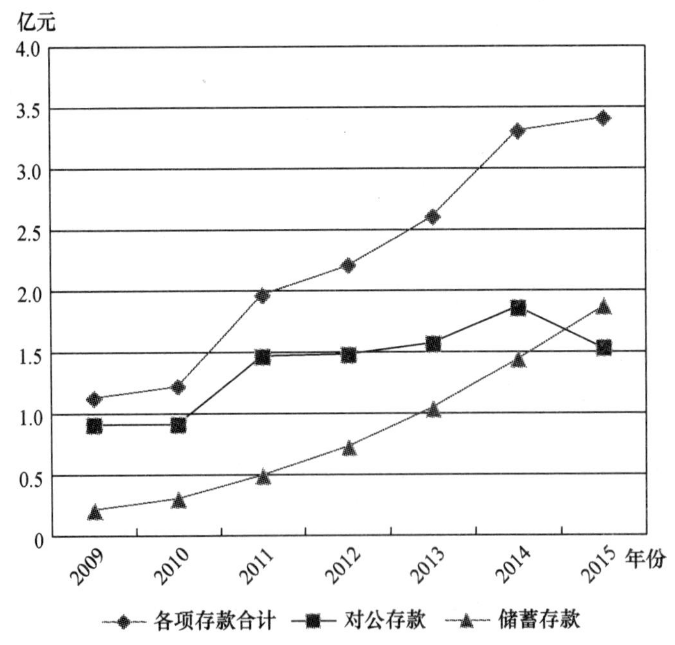

图 32　2009—2015 年依安润生村镇银行各项存款情况统计

资料来源：依安润生村镇银行。

（2）探索创新金融产品，服务“长尾客户”。第一，以“农村妇女创业贷款”推动农村妇女创业就业。该行在保证基础农贷业务有序开展的前提下，积极探索与各职能部门合作，开展各项惠民贷款业务。自2010年与妇联首次合作开办“农村妇女创业贷款”以来，反响强烈，优质高效的服务得到了县内领导及客户的广泛好评，几年来此项业务一直进展顺利。截至2015年末，该行累计发放农村妇女创业贷款4284笔，金额14240万元；累计回收2699笔，金额9215万元，余额5025万元。

专栏4　依安润生村镇银行“农村妇女创业贷款”案例

“农村妇女创业贷款”助农创业

2014年3月孙振雨开始着手进行食用菌种植基地建设。孙振雨在上游乡政府所在地投资50万元创建了一处占地面积2500平方米的食用菌生产基地，并建设两栋使用面积300平方米钢架结构和混凝土结构的食用菌生产厂房。工程接近尾声的时候，资金出现了短缺。这时，依安润生村镇银行找到孙振雨，告诉孙振雨农村妇女创业可以办理小额担保贴息贷款，无息使用两年。随即孙振雨来到依安润生村镇银行申请农村妇女创业贷款。不到一个月时间，8万元的贷款就帮孙振雨解决了工程资金不足的问题，恒宇食用菌生产基地正式成立并开始了食用菌种植试验和生产。

经过实验和生产实践，孙振雨生产的鲜菇品类已达到三种，以每斤平均批发价5元的价格占据了依安市场，并且打入了齐齐哈尔、大庆等城市，各地用户纷纷与孙振雨预签订货合同，鲜菇产品供不应求。2014年6月依安县恒宇食用菌农民专业合作社成立，现有成员5户，每户收入达8万多元。恒宇食用菌生产基地和合作社带动周边很多农民发展食用菌种植，增加了农民的经济收入，有力地促进了新型产业和现代农业的快速发展。

2016年，孙振雨在依安润生村镇银行申请的农村妇女创业贷款到期，她按时偿还了贷款本金。为了支持孙振雨扩大规模，为合作社谋求更广阔的发展空间，经过依安润生村镇银行与妇联沟通决定，2016年继续扶持孙振雨，为她办理了为期两年的农村妇女创业贴息贷款，帮助她继续发展。

第二，与劳动就业局合作，帮助下岗人员再就业。自2009年起与县劳动就业局合作，发放“下岗再就业贷款”以来，已经发放了6个周期。为此，该行付出了大量人力、物力，在贷款办理阶段工作人员任劳任怨、加班加点确保贷款的及时发放与回收。辛苦的付出使该行收获了巨大的社会效益，县人社局也多次被上级评为“小额贷款”工作先进单位。通过小额贷款的发放，该行吸引了更多客户群体，让更多百姓进入、了解了村镇银行。截至2015年末该行累计发放“下岗再就业贷款”5600笔，金额17376万元；累计回收4461笔，金额13037万元，余额4339万元。

第三，重视个体私营企业贷款需求，量身定制金融产品。该行针对个体工商户开发了一系列贷款品种，满足客户生产、生活多方面需求。对于经营好的客户该行在贷款额度上给予大力支持，单笔最大放款额度达到450万元，最小的仅10万元，满足了各个层面客户的需求。截至2015年末，累计发放个体私营贷款205笔，金额11246万元；累计回收177笔，金额8993万元，余额2253万元。

表 8 依安润生村镇银行针对个体工商户开发的系列贷款产品

贷款品种	贷款介绍
商服用房抵押助业贷款	向规模小，财务资料不够健全，但有一定的生产经营能力和较好的经济效益，能提供有效抵押的小企业和个体工商户发放的小额短期流动资金贷款
固定资产抵押助业贷款	面向规模小、生产经营正常，有较好的经营效益，能提供有效抵押的小企业和个体工商户发放的小额短期流动资金贷款
个人财产抵押助业贷款	面向规模小、有固定经营场所、销售收入稳定、财务管理不够完善，能提供个人财产抵押的小企业和个体工商户发放的短期流动资金贷款
机构保证助业贷款	通过以具备保证资格的专业担保机构提供保证的形式，面向企业和个体工商户发放的临时性流动资金贷款

资料来源：依安润生村镇银行。

第四，发放小企业贷款，全力支持工业园区建设。该行在风险可控的基础上，对产权明晰、信誉度高、行业和项目符合国家产业政策、发展前景较好的小、微企业制定相应营销策略给予重点支持，对其发放流动资金贷款；对于担保不足的企业，引入专业担保公司进行担保，与担保公司合作共同开展业务，为小、微企业融资开辟新渠道。

第五，积极探索发放各类合作社贷款。合作社是近年兴起的新型农业经济主体，从政府到人民银行都要求金融机构大力扶持。该行将合作社贷款视为信贷领域的又一项需要突破的“瓶颈”，2009 年成立之初便开始尝试合作社贷款并成功为“红星金财农机合作社”发放贷款50万元。该行农贷中心对全县15个乡镇的近60个合作社进行了调研，了解经营情况、资金需求、法人信息及资产情况，分门别类采取不同的合作方式。对于手续健全、经营良好、资产足值的合作社，该行直接发放贷款用于合作社经营；对于经营良好、手续一般且无资产的合作社，该行引入担保公司担保；对于经营好、股本单一的合作社，该行对法人发放贷款，扩充法人实力，从而支持合作社发展。截至2015年末，累计发放合作社贷款14笔，金额2387万元，累计回收9笔，金额1400万元，现合作社贷款余额987万元。

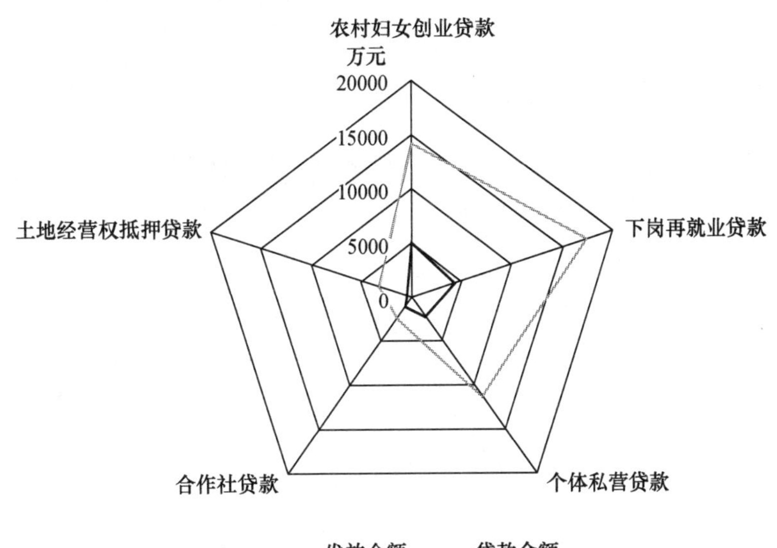

图33 依安润生村镇银行贷款累计发放情况

资料来源：依安润生村镇银行。

第六，首创该省“土地经营权抵押贷款”，开辟农贷抵押担保新模式。该行是该省首家开办农村“土地经营权抵押贷款”的银行，2010 年 4 月 20 日成功发放黑龙江省首笔“土地经营权抵押贷款”68 万元，用于 1505 亩土地的大豆种植。该笔贷款的发放，为依安县乃至全市范围内的农贷业务发展开启了新模式。截至 2015 年末，该行累计发放土地经营权抵押贷款 57 笔，金额 3149 万元，累计回收 53 笔，金额 2796 万元，余额 353 万元。单笔最大放款金额达 220 万元，单笔最大抵押土地面积 3854 亩。业务范围覆盖 8 个乡（镇）15 个行政村（累计调查 15 个乡镇 48 个行政村）；累计扶持整合土地 30000 亩；累计动用大型机械设备 100 余台（套）；累计解放及转移剩余劳动力 4000 余人，种植户人均增收超过 10 万元。

表 9 依安润生村镇银行贷款累放累收明细（2015 年 12 月）

单位：万元、笔

项目 内容	累计发放笔数	累计发放金额	累计回收笔数	累计回收金额	余额笔数	贷款余额
全部贷款	13114	104970	9821	80539	3293	24432
其中：1. 农户贷款	2246	11348	1929	9420	317	1928
2. 小微企业贷款	170	41561	145	33364	25	8197
3. 个体私营贷款	205	11246	177	8993	28	2253

续表

内容＼项目	累计发放笔数	累计发放金额	累计回收笔数	累计回收金额	余额笔数	贷款余额
4. 下岗、妇女贷款	9884	31616	7160	22252	2724	9364
5. 消费类贷款	609	9199	410	6510	199	2690

资料来源：依安润生村镇银行。

3. 困难

依安润生村镇银行发展面临着一些困难。首先，2015 年年初，由于财政资金转出近 9000 万元，该行对公存款出现巨大落差。财政性存款的转移造成了很大压力，严重影响了村镇银行的正常经营。其次，按照人行规定，该行取得的支农再贷款、扶贫再贷款必须在一个月内下摆完毕，且利率水平不得高于国家基准利率。村镇银行受股本金限制，最大放款额仅 200 万—500 万元，且信贷业务小额分散户均不超过 10 万元，因此很难在一个月内发放完毕。最后，该行所处的北方地区无论经济环境还是信用环境都较差，其发展需要政策性扶持，以缓解因盈利压力带来的诸多问题。

4. 评析

依安润生村镇银行于 2009 年正式营业，正值《关于做好〈新型农村金融机构2009年至2011年总体工作安排〉有关事项的通知》发布之时，村镇银行进入大规模布局发展期。该行的资产规模稳健扩张，存款增长稳健，资产质量良好，不良率较低，且保持稳定。对公存款业务在建立初期对该行发展起到一定的拉动作用，但是，该行过度依赖对公存款，导致存款结构不合理，一旦政策变化将影响后续发展。该行必须加大零散客户的拓展力度，吸收个人存款，开拓稳定、长期的资金来源。随着我国经济的持续低迷、农业生产整体利润率降低以及政策性补贴到期等因素的影响，2015年度该行资产利润率与资本利率均较上年有所下降。

该行注重从客户的需求出发设计金融产品。为个体私营企业量身定做了一系列贷款产品；有针对性地满足小企业的资金需求；探索开发各类合作社贷款产品，等等。这些产品满足了不同层次、不同种类客户的生产、生活多方面的需求，最小单笔放款额度10万元，没有出现不良，说明该行了解客户、掌握信息、用心经营、风控管理比较完善。另外，该行关注特殊人群的资金需求，如“妇女创业”、“下岗个人再就业”，为了既帮助这些弱势群体自食其力，同时又能控制贷款风险，该行与妇联、县劳动就业局、县人社局等机构通力合作，银行获得客户信息，提高管理效率，政府部门解决就业难题，形成了“双赢”的局面，取得了很好的效果。

黑龙江省是我国重要的商品粮生产基地，其辖内三江平原与松嫩平原被称为“北大仓”，这里是全世界仅有的三大黑土带之一。依安县位于小兴安岭西南麓，有“全国商品粮基地县”之称。依安润生村镇银行是该省首家开办农村“土地经营权抵押贷款”的银行，首创该省“土地经营权抵押贷款”，开辟农贷抵押担保新模式，在三权抵押方面取得了较好成绩。

“农业增收难、农民贷款难、银行放贷难”是制约农村经济发展的“瓶颈”。探索三权抵押模式，对于支持新农村建设、服务“三农”经济、深化农村金融改革、推进城乡统筹发展具有重大意义。但是，农户积极性不高、信用系统不完善、抵押物登记责任不明、交易市场不健全、农业保险等风险分担机制有待发展等制约着三权抵押贷款业务推广的进程。因此，政府和银行在打造诚信体系、健全抵押物评估机制、创新担保方式实现风险共担等方面还需要做大量的工作。

（五）全力支持当地经济发展的河南淇县鹤银村镇银行

1. 基本经营情况概述

（1）成立背景与公司管理。淇县隶属于鹤壁市，位于河南省北部，距郑州 95 千米，京广铁路、107 国道纵贯全境南北，国家西气东输工程、南水北调工程西傍城区而过，总面积 567 平方千米，总人口 26.9 万人，2015 年淇县 GDP 204.62 亿元，增长 8.5%。

淇县鹤银村镇银行于 2010 年 12 月 29 日成立。该行是经中国银行业监督管理委员会河南监管局批准，由鹤壁市商业银行（现鹤壁银行）作为主发起行，河南永达食业、淇县兴和畜牧等 5 家企业和 9 名自然人共同出资，发起设立的鹤壁市首家具有独立法人资格的新型农村金融机构，注册资金 5000 万元。

在治理结构方面，该行村镇银行成立了以股东大会、董事会、监事会和经营层为主体的公司治理架构，“三会一层”各司其职，相互制衡。2015 年该行进一步完善公司治理架构，选举产生了第二届董事会董事与监事会监事。新的董事会成员由最初的5名董事新增中原银行2名董事变为7名董事，同时选举了职工监事。建立了股权明晰、内控健全、公司治理良好的管理体制，使决策、约束和激励机制真正发挥作用；为进一步提高风险管理水平，有效防控风险，按银监局要求，该行增设了风险管理部与内控合规部，选任配备优秀业务骨干，全面提升全行的风控水平；为加强合规风险管理，确保安全稳健运营，遵照中原银行村镇银行管理部下发的各项制度范本，该行制定了《淇县鹤银村镇银行问责制度》等多项管理制度。

表10　　淇县鹤银村镇银行管理制度（部分）

问责管理制度	《淇县鹤银村镇银行问责制度》
日常经营管理办法	《淇县鹤银村镇银行员工着装规范》
	《淇县鹤银村镇银行员工行为准则》
	《淇县鹤银村镇银行亲属回避暂行规定》
	《淇县鹤银村镇银行员工违规违纪行为处理规定》
业务相关管理制度	《淇县鹤银村镇银行融资性担保公司合作管理办法》
	《人民币银行结算账户管理系统业务处理办法》
	《淇县鹤银村镇银行账户清理核实工作实施细则》

资料来源：淇县鹤银村镇银行。

（2）发展现状。在业务开展方面，淇县鹤银村镇银行以“淇县人自己的银行，做淇县人身边的银行”为目标，主要为当地农民、农业、农村和社区经济发展提供金融服务，以城乡居民为基本客户、微小企业为主要客户、中小企业为重点关注客户，努力建设成一个立足社区、服务“三农”、服务中小企业的精品小银行，促进淇县全面发展。2015 年，该行在中原银行的大力支持下，全行资产负债业务整体发展态势良好，业务规模小幅度增长，资产质量保持较高水平，盈利能力进一步增强。

截至2015 年 10 月末，该行各项贷款余额 39452 万元，较年初增加 922 万元，增长 2.39%。其中：涉农贷款余额 37470 万元，较年初增加 1353 万元，增长3.74%，高于各项贷款增速1.35 个百分点。小微企业审贷获得率 83.33%，高于 2014 年同期 13.4 个百分点。2015 年累计发放贷款 65131 万元，较 2014 年同期增加 4377 万元，全力支持了淇县当地经济发展。

表 11　淇县鹤银村镇银行主要经营数据（2015 年 10 月）

单位：万元

项目	目标	2015 年 10 月 31 日	较年初增加	增幅（%）
资产总额	—	78959	9055	12.95
其中：各项贷款	4125	39452	922	2.39
负债总额	—	67514	7759	12.99
其中：各项存款	5500	45282	3934	9.51
不良贷款	双降	294	294	0.75
不良贷款率		0.75	0.75	100
本年利润	2002	1304	同比 -300	同比 -18.72
净资产收益率	17.95	11.40	—	
成本收入比	≤45%	39.29	—	

资料来源：淇县鹤银村镇银行。

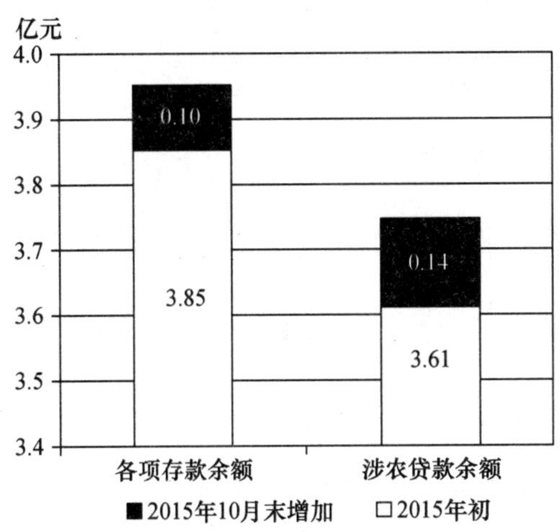

图 34　淇县鹤银村镇银行涉农贷款发放情况

资料来源：淇县鹤银村镇银行。

2. 特色发展经验

（1）开拓创新，不断加大信贷投放力度。2015 年，该行加大创新力度，有效缓解县域小微企业的融资难问题。

第一，创新贷款管理模式，深入基层调研，加大“支农”、“支小”力度。为进一步满足市场需求和提高工作效率，将业务部分为总行的业务一部和高村支行的业务二部，分别负责淇县县城以南及以北信贷工作。实行责任制管理，各部配备一名负责人，在实现科学分工的同时，提高工作效率，有效防范各种风险。该行主动走访县直局委、重点企业和主要乡镇，深入了解淇县农户、中小企业的发展和目标客户的金融需求，切实制定适合淇县当地的金融产品。不定期安排信贷客户经理下乡深入农村基层，进行信贷产品宣传，将该行的信贷产品及申请要求知识对农户进行讲解，同时了解农户的贷款需求及经营状况，为农户贷款打好基础。

第二，不断创新信贷产品。2015 年推出“出淇制胜”系列产品，分别是淇初系列、淇殖系列、淇胜系列。不断扩大个人汽车按揭贷款、个人住房按揭贷款及循环贷款规模，有效缓解了淇县当地居民和农户资金困难的局面。该行与淇县社保局多次协商并达成共识后，与淇县创业贷款担保中心签订创业小额贷款担保与贴息合作协议，于2015年年底推出下岗失业小额贷款。通过小微企业联保贷款和最高额循环贷款等创新信贷产品帮助许多农村企业解决了借款难、担保难的问题，产品的不断创新和信贷资金的不断增加，有力支持了淇县境内种养殖业、农畜产品深加工、新农村建设、小企业生产经营等发展壮大。

表12　淇县鹤银村镇银行“出淇制胜”系列产品

<table>
<tr><td rowspan="2">淇初系列</td><td>小微企业助力贷</td><td>对于创业初期能提供有效担保的小企业和个体工商户发放的短期流动资金贷款</td></tr>
<tr><td>成长贷</td><td>对处于成长期具有较好发展潜力的优质小微企业提供的信贷业务</td></tr>
<tr><td>淇殖系列</td><td>淇殖贷款</td><td>为从事经营农林牧渔业及相关产业的农户、个体工商户和小微企业提供的信贷资金支持</td></tr>
<tr><td rowspan="2">淇胜系列</td><td>小微企业组合贷</td><td>针对小微企业的融资需求提供的可组合担保的个性化的金融服务产品</td></tr>
<tr><td>小微企业循环贷</td><td>为满足客户季节性和周期性的资金需求而设计的专属产品；可以按照合同约定的借款额度，在有效期内多次提款、逐笔归还的贷款业务</td></tr>
</table>

资料来源：淇县鹤银村镇银行。

第三，优化贷款审批和发放流程，提高贷款发放效率。根据淇县中小企业的发展情况，设立与之相适应的审批及信贷准入标准，并针对农村经济的特点，压缩贷款审批流程，简化审查、审批程序，缩短办理时间，切实提升贷款审批效率，符合条件的个人贷款做到 3 天放款，为客户提供灵活、快捷的金融服务。该行还为“三农”贷款开辟公开透明、规范高效、互惠互利的绿色通道。

第四，创新不良贷款清收方式。在 2015 年整体经济下行的大环境之下，该行的贷款质量也受到冲击。该行积极采取有效措施防控不良贷款，客户经理于每月 15 日开始通知客户提前缴存利息，贷款到期前一个月提前通知客户还款，并向客户阐明拖欠贷款对其个人信用的影响及其重要性。对于拖欠款客户，送达书面催收通知书，对于还息困难的客户，密切关注其财务状况，督促其提前做好偿还贷款本息计划。加大力度盘活不良贷款，对经营状况出现明显下降的客户，多方努力加大收贷力度，通过诉讼、仲裁等司法程序加大不良贷款清收力度。通过各种措施和努力，降低了经营风险，增强了市场综合竞争能力。

（2）强化贷款风险管理、提升员工合法合规意识。

充分发挥贷款审查委员会的职能作用，对大额贷款进行集体审议，构筑贷款安全防线。加大贷款“三查”管理力度，强化信贷业务合规操作意识，发现贷款风险趋势，提前预警提示，杜绝不良贷款发生。

加强对重点业务和重要岗位的日常监督及检查，促进合规管理水平不断提升。2015 年开展了柜面业务操作风险排查、不规范服务收费排查、不稳定因素排查及员工行为排查等，对排查出的问题及时整改；密切关注员工异常思想动态，防范道德风险。对再次出现违规问题加大处罚力度，建立了问责机制。

（3）重视员工培训、丰富企业文化内涵。员工素质是决定村镇银行发展的关键性因素。该行重视员工业务培训，不断提高员工综合素质。一方面走出去参加外部培训。抽调业务骨干到省银监局、市银监局培训学习；选派业务骨干到中原银行微贷部、个人金融部、村镇银行管理部参加跟岗培训，深入学习信贷、风险防控等业务知识。另一方面开展内部培训。全行每周定期就信贷业务、风险管理、反洗钱、审计、新闻写作等进行培训。

该行把企业文化建设作为促进业务发展的一项重要

措施，提出“一手抓业务经营与制度建设，一手抓企业文化建设不放松”的经营方针，努力将文化建设转化为推动银行发展的动力。2015 年成立了朝歌读书会，已吸纳读书会成员达 1500 人，共组织线下活动 7 次，丰富了员工生活，影响力逐步扩大。朝歌读书会的成立是实现文化战略和创新发展的有益尝试。

淇县鹤银村镇银行坚持科学规划、审慎经营、稳健发展、精细管理，努力打造具有“农”字特色、机制灵活、竞争力强的精品社区零售银行，实现速度与质量、规模与效益全面协调和可持续发展。

3. 评析

该行开业六年以来，资产负债业务整体发展稳健，资产质量保持了较好的水平。它的经营呈现出四个方面的特色：

（1）内部管理制度健全。从问责制度、日常经营管理制度到业务相关制度，该行都制定了一系列详细的规范性制度，使得管理层、员工在各方面都有章可循、有规可依。健全制度并严格管理是村镇银行规范经营、稳健发展、树立良好形象的根本保障。

（2）努力争取政府部门的支持。为了推出“下岗失业小额贷款”产品，该行不遗余力地与淇县社保局联系、沟通，直到达成共识；与淇县创业贷款担保中心达成合作。这些努力使得“出淇制胜”系列贷款产品等顺利发放，取得了预期的收益。

（3）重视人力资源建设。人才素质不高一直是村镇银行的“短板”，村镇银行的管理层和员工应该具备风险管理、财务管理、小额信贷技术、贷款客户评估等方面的知识，了解国家信贷政策、相关法律法规，从而应对农村金融市场的竞争挑战。淇县鹤银村镇银行非常注重员工培训，采取了“走出去”和内部培训的方式，提高员工的业务素质。在培训的内容上需理论与实践相结合，有规划、有步骤地长期坚持，以达到提升管理层和员工综合素质的目标。

（4）该行在打造自己的企业文化方面有所作为。企业文化对于一个企业的员工行为、企业发展具有潜移默化的、不可忽视的影响力。村镇银行的企业文化应该以扎根社区、适应农村金融市场的“草根文化”为底色，还包括涉及银行内部各个方面的内容，例如，以人为本的企业文化，完善用人机制，以能力、业绩定胜负，激发全员内生动力与活力；塑造营销文化、合规文化、服务文化，等等。形成优良的服务作风和良好的服务环境，进一步细化深耕农村市场，树立自身形象。

（六）深耕农村金融市场的福建福鼎恒兴村镇银行

1. 基本经营情况概述

（1）成立背景与公司管理。福鼎市是福建省宁德市下辖的一个县级市，位于福建省东北部，东南濒东海，东北接浙江省苍南县，总面积1526.3平方千米，常住人口53.40万。

福鼎恒兴村镇银行由浙江省苍南县农商行发起，于2010年6月8日开业，发起时股本金6600万元，现有股本金9684.68万元。主发起行浙江苍南农村商业银行股份有限公司占股比例51%，其他企业股东占比7.93%，自然人股东占比41.07%。

在治理结构方面，该行按照《公司法》规定以及银行业监督管理机构的要求设立了股东大会、董事会、监事会、高级管理层组成的“三会一层”组织架构，分工合作、勤勉履职，运转协调。董事会7席，由股东大会选举产生，其中主发起行占4席，其他股东3席，董事长由主发起行提名，经董事会选举产生；经营班子配行长、副行长各一名，在当地择优聘用，由董事长提名，经董事会选举产生；监事会3席，由股东大会选举产生，其中主发起行推荐一名，外部股东一名，内部职工监事一名。截至目前，该行员工总数90人，共开设6个网点。

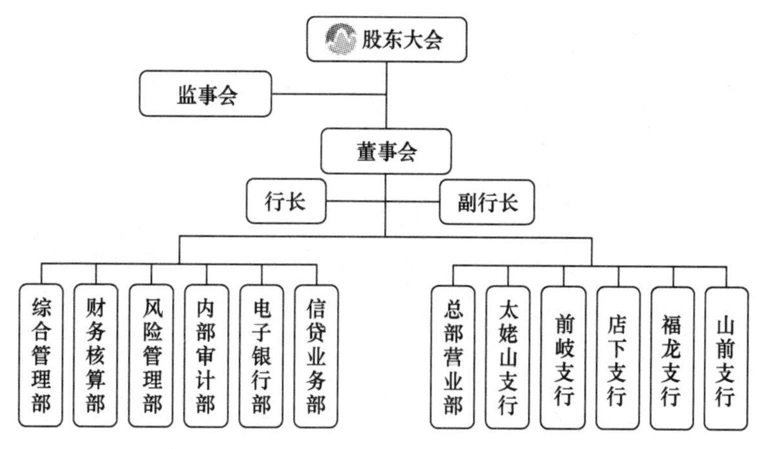

图35　福鼎恒兴村镇银行公司组织架构

资料来源：福鼎恒兴村镇银行。

（2）发展现状。在业务开展方面，该行坚持走普惠金融之路，深耕农村金融市场。截至2015年末，该行累计办理储蓄卡（折）58134张。资产总额141632万元，负债总额119408万元，存款余额55609万元，贷款余额118041万元。

到2016年6月末，该行资产总额158473万元，比年初增加16841万元；负债总额135811万元，比年初增加16403万元；所有者权益22661万元，比年初增加437万元。各项存款余额70650万元，各项贷款余额132199万元，利润总额1059万元，净利润889万元，资本充足率19.47%，拨贷比2.51%，拨备覆盖率196.34%。

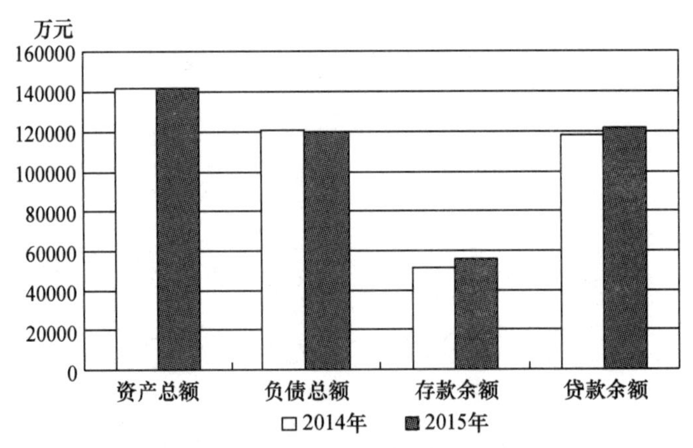

图36　2014—2015年福鼎恒兴村镇银行业务开展情况

资料来源：福鼎恒兴村镇银行。

表 13　2014—2015 年福鼎恒兴村镇银行部分监管指标

监管指标类型	2014 年	2015 年
成本收入比率（%）	33.83	39.78
资本充足率（%）	19.38	20.66
不良率（%）	1.35	1.28
流动性比率（%）	35.69	43.55
贷款拨备率（%）	2.8	2.51
调整资产利润率（%）	1.86	1.08
资本利润率（%）	12.46	7.05

资料来源：福鼎恒兴村镇银行。

（3）服务“三农”与“小微”情况。在服务“三农”与“小微”企业方面，福鼎恒兴村镇银行自成立以来，紧紧围绕“新农村、新银行、新服务”的发展目标，坚持“支农、支小、普惠三农”的经营原则，专注“三农”，主动作为，以着力搭建服务网络、助力精准扶贫、简化办贷流程和开展信用村工程四大措施为抓手，改变农贷授信模式、改变农贷调查方式、改变农贷服务方式、改变农贷宣传方式，极大激活农民创业意识，有效促进农业增产、农民增收，取得了银行与客户“双赢”的效果。

截至 2015 年末，该行贷款总户数达 5302 户，比

2014年增长23.18%，户均贷款余额达22.94万元；其中农户和小企业贷款余额达103569万元，比2014年增加5449万元，农户和小企业贷款余额占各项贷款余额比重达86.84%，而其增速与平均贷款增速比为2.53。

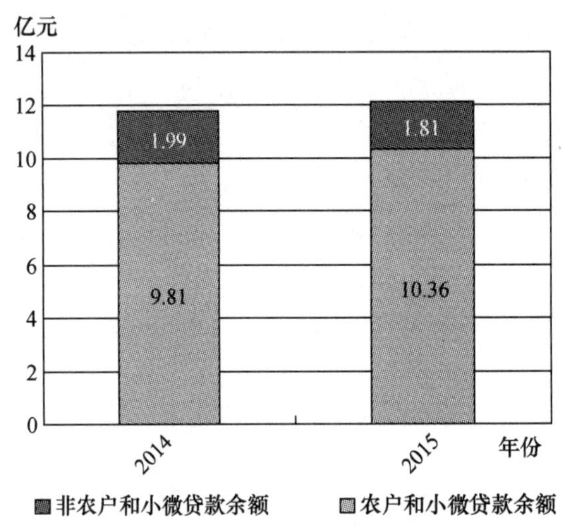

图37 2014—2015年福鼎恒兴村镇银行服务“三农”与“小微”企业的情况

资料来源：福鼎恒兴村镇银行。

2. 特色发展经验

（1）深耕农村金融市场的“四大措施”。第一，搭建农村普惠金融服务网络，增强农村金融服务辐射力。

该行的机构发展思路是缩减服务半径，沿着城镇化热点方向增设农村网点布局，加强农村金融服务力度。努力将服务网络覆盖福鼎周边农村乡镇，通过设置农村金融服务点，将金融服务触角延伸至农村各个角落，发行银行卡，增强农村金融服务辐射力；积极推进协贷员队伍建设，健全普惠金融服务的组织队伍。农贷协管员聘任以“业务协作、推荐客户、信息提供、政策传导、业务宣传”为原则，使农贷业务更快地融入乡村，实现更好地为农户办实事的目的。

第二，助力金融精准扶贫，推动农村普惠金融发展。该行找准金融精准扶贫关键点，重点解决农户贷款抵押担保难题，推出“家庭信用贷”新模式。此类信贷产品具有“担保条件简易、信贷发放高效、还款方式灵活、风险防范有力”四大特点。自开办“家庭信用贷”业务以来，该行全面推广“家庭信用贷”，客户经理将宣传单派发至辖区各村，以采用上门宣传为主、村两委推荐为辅的方法，在服务营销过程中对客户进行介绍、宣传，持续加大宣传力度，扩大宣传覆盖面。

截至2016年5月末，共发放“家庭信用贷”贷款2274笔，余额10821万元，有效缓解了农户贷款担保难题，保障了他们生产经营的资金需求。同时，为“家庭信用贷”计提专项拨备，已计提风险金23.4万元，有效防范了信贷资金风险。该行“家庭信用贷”得到了大众认可，创新做法与助农实效还登上了《金融时报》。

专栏5　福鼎恒兴村镇银行“家庭信用贷”支农案例

“家庭信用贷”给民房“添砖加瓦”

陈万福是福建福鼎市贯岭镇松洋村常年从事农业种植的一名普通农民，每年靠着农作物收成可获得3万元的收入。2015年8月，靠着多年的积蓄，陈万福决定在福鼎市区购置一栋3层楼的房子，房子购置好以后，他苦于手上资金不足，无法装修刚买的新家，一家三口难以入住，淳朴的农民没有太多的办法，很长一段时间都束手无策。

2016年2月29日，陈万福通过村干部引荐来到了福鼎恒兴村镇银行，客户经理了解其基本情况后，当天便到陈万福家中进行实地调查，从农户的经营情况、信用状况各方面综合评定后，向其推荐“家庭信用贷”，以夫妻双方互保形式即可快速获得贷款，贷款受理次日，5 万元的资金就发放到陈万福手中。“这笔资金对我来说是雪中送炭，现在房子可以装修了。”客户获得贷款资金后，感激不尽。2016 年 4 月，福鼎恒兴村镇银行举办的客户抽奖活动，陈万福抽中一等奖，获得空调一台，他喜出望外，正好给他在装修的房子“添砖加瓦”。

第三，简化办贷流程，支持地方特色经济。组建由行领导班子成员任组长的“青年志愿者”队伍，分派责任区，下乡普及金融知识，做好支农、惠农业务产品的宣传，以及惠农便民农贷工作。布置各支行及时启动阳光信贷“绿色通道”和送贷下乡活动，合理减少审批环节，简化农户办贷流程，要求各支行要合理调配好信贷重点，实施五优政策，即计划安排优先、小额贷款优先、资金投放优先、现金供应优先、贷款利率优惠；加大对特色农业的支持。加大农业生产合作社的贷款支持力度，鼓励农民种植经济作物，给予种养殖业农户贷款优惠利率。

第四，开展农村信用工程，加强农村金融基础设施建设。深入开展银村共建和信用村、信用户的评选活动；同时探索建立完善客户评级体系，开展客户信用等级评定工作，对建档客户进行信用评级和授信；积极培育小微企业客户群；建立完善特色的小微企业信贷管理制度，试行小微企业资产负债测算表等风险评估机制，解决小微企业财务管理不健全、报表信息不真实问题。改进信贷流程，努力适应小微企业“短、频、快”要求，并试行建立小微企业专营组织，对试点企业实施全方位服务，促进业务的专业化。

（2）银行内部的“四个改变”。一是改变农贷授信模式。统一规范农户小额贷款授信表决与授信集中审批，让授信者参与了解农户实际情况，做到更好地引导农户贷款的投放方向。二是改变农贷调查方式。改粗放式调查为深入农村调查，认真了解农户的真实需求，为农户解决最迫切的资金需要，将信贷资金用到实处。三是改变农贷服务方式。从等客户上门改变为下乡包村管理，以点带面，拓展一片管好一片，以农户建档为基础，深入掌握农户经济信息，打消农户对恒兴村镇银行支农的疑虑心理，建立良好的农银关系。四是改变农贷宣传方式。在各个村口显要位置设立专题宣传栏，宣传贷款流程和条件，并将客户经理的照片、姓名和联系方式公之于众，方便农民咨询，接受农民的监督，树立恒兴村镇银行支农新形象。

四大措施与四个改变相互配合、相辅相成，从内部的改变促进四大措施的贯彻落实，走出一条恒兴特色的普惠金融之路。

3. 评析

福鼎恒兴村镇银行资产总额处于全国平均水平，不良率较低，资产质量健康。2014 年度、2015 年度经历了一段缓慢发展期，2016 年上半年该行资产规模与存贷款增速均在 10% 以上，整体发展形势向好。

该行深耕农村金融市场的亮点之一是“农贷协管员”队伍建设，即聘用熟悉当地情况的人担任协贷员。这个举措将乡土社会资源吸纳到银行自己的管理网络中，这些“兼职员工”既能起到宣传村镇银行贷款产品的作用，又能提供软信息使银行关注到可能影响贷款质量的重大事件，他们对村镇银行来说是不可忽视的宝贵资源。建议该行健全协贷员激励机制，根据需要逐步扩大队伍，使银行真正“嵌入”农村地区，不再是一个与农民疏离的、外在的金融机构。

亮点之二是推出“家庭信用贷”模式，重点解决当地贫困农民贷款担保难问题。这个举措找准了金融精准扶贫关键点，具有一定的创新性。该行的实践取得了较好的助农实效，得到农户的认可，可以总结经验加以推广。

从该行的内部管理所发生的改变中我们看到，银行已经放下身段、走入村民了，以前是在柜台后面坐等客户，现在下乡包村管理，与农民近距离接触，建立农银关系，这是非常大的改变，村镇银行是为草根人群服务的机构，不能西装革履地展业。

在农村地区做小额贷款业务，最大挑战就是信息不对称带来的高成本、高风险。村镇银行需要对目标市场和客户具有准确、全面的了解。该行已经为农户建档立案，可以逐步积累客户信息。随着大数据技术的不断成熟，应用场景日益丰富，村镇银行应该抓住这一难得机遇，打造数据驱动的商业模式。

（七）总结：村镇银行面临的困境、政策建议与未来发展

1. 发展困境

第一，融资成本高。村镇银行个体小、网点少，在当地的社会知名度较低，百姓对村镇银行还较为陌生，办理储蓄存款业务意愿不强。另外，各大银行的高利率理财产品推出后，村镇银行客源流失明显，为了能留住资源，不得不支付高额利息，导致融资成本上升。

第二，盈利水平低。村镇银行的贷款对象多为农民和农村企业，农民收入的低水平和工商企业较弱的实力，导致村镇银行整体利润空间较小；规模小，管理成本较高：中间业务收入很少。同时，因成立时间较短，村镇银行难以与其他农村金融机构竞争。

第三，信贷投放压力增大。受当前经济环境影响，生产加工型企业满负荷生产会导致库存加大、应收账款增加且回收能力减弱；流通行业流动性下降，例如，山东省临朐县围绕铝型材加工为中心形成的胶行业、胶条

行业、包装行业等一系列企业均与建筑行业相关，企业资金流动性降低、库存和应收账款双边作用形成盈利能力下降，小微企业大面积出现谨慎经营、控制成本、放缓投资的经营趋势，贷款需求较往年出现紧缩。

第四，经济形势复杂、贷款风险难以把控。经济下行导致小微企业经营者应收账款占比加大、现金流出现紧张、担保圈风险频现、自身抗风险能力较差，部分区域同业不良贷款大量涌现、信用环境持续恶化，村镇银行当前面临着严峻的信贷资产质量挑战。

另外，某些县域地区民间借贷较为活跃，个人、企业参与民间借贷行为盛行。人行征信系统无法监控民间借贷行为，一旦民间借贷发生风险，往往会蔓延至金融系统，危及银行贷款。

2. 政策建议

第一，监管部门在政策上对村镇银行给予更多的支持，放宽部分业务的准入条件，如信用卡收单资质、同业投资、发行或代销理财产品等，允许开办更多种类的中间业务，增加村镇银行金融服务功能。财政部门在财政性资金开户、财政贴息等政策方面加大对村镇银行的支持力度。

第二，建议延长实施对村镇银行涉农贷款增量补贴和定向补贴的优惠政策。村镇银行成立时间晚，大多数村镇银行在成立之初投入了较大的资金成本，在成立初期的一段时间内给予一定的财政补贴是很有必要的。

第三，减轻村镇银行税负，如在现有税收政策基础上采用支农减税政策，增加村镇银行税前抵扣项等。

第四，人民银行在支付结算等方面给予村镇银行更大的便捷，如实现村镇银行网银互联，增大支付结算便捷程度，增强用户体验，提高行业竞争力。

第五，加快建立农业政策性保险机构，通过政府担保机制化解农贷抵押担保难问题，以解决村镇银行发放涉农贷款的后顾之忧。对农贷的抵押、担保、评估、公正等程序方面的费用，应予以减免。

3. 未来发展

第一，坚持“支农”、“支小”，做精做散业务。自2007年以来，银监会连续近十年不断出台相关指导意见，引导村镇银行坚定不移地走“支农”、“支小”和本土化、专业化、差异化的特色经营之路。从银监会例行公布的一系列经营数据不难看出，全国村镇银行整体一直能取得不俗的发展成就，是建立在一门心思“支农”、“支小”基础上的。换言之，村镇银行微薄的资本投放，是分散均衡的，没有集中于一些高风险项目，大体上规避了经济新常态以来的产业结构调整升级，保存了实力，留足了发展后劲。六家村镇银行稳健可持续发展的实践表明，关键是始终坚持创新“支农”、“支小”和小额分散的战略定位。保持定力，不忘初心，坚持“向下、向散、向小、向优”，坚持存款业务抓小不放大、贷款业务抓小不傍大，唯此才能立足农村和县域金融的主战场。

第二，发力精准扶贫与支持大众创业。这是今后很长一段时期我国农村金融政策与普惠金融政策的焦点。村镇银行需要紧紧围绕精准扶贫，创业带动就业的基本方略，积极争取低成本扶贫再贷款信贷规模、小额担保财政贴息贷款及各类风险补偿政策支持，加大与当地扶贫部门的对接配合，做好扶贫对象识别与建档、项目储备和政策对接等基础工作。从操作上来说，单列信贷规模，创新扶贫产品及服务模式，精准对接贫困户创业和产业化扶贫项目需求，开辟扶贫小额信贷绿色通道，确保扶贫对象锁定精准、扶贫项目支持精准、扶贫措施执行精准、扶贫资金使用精准、信贷资金投放精准。

第三，探索多方合作，优化金融环境。长期以来，我国广大农村地区，尤其是经济欠发达地区、贫困地区真正缺乏的不是信贷需求，而是缺乏合规的信贷条件与良好的诚信环境。因为缺乏传统信贷认可的抵押与担保，各地村镇银行在培养信用户、信用村方面做了很多艰苦的尝试。该项工作需要加强与当地政府、村居“两委”及相关部门的沟通协作，深入开展客户信用信息建档工作，并逐步建立信用户、信用村居、信用乡镇（街道）等的建设和评定，加大对建档信用户的金融支持力度，不断构建良好的信用环境；充分发挥“送金融知识下乡”等项目的作用，充分利用进村入社区、结对帮扶等专题活动，与多部门联动，送贷上门，使农民学会诚信致富。一些村镇银行在这方面的成功尝试，从根本上改善了贫困地区的金融生态环境，为发展普惠金融打下良好基础。